梅本堯夫・大山　正 監修　**16** コンパクト新心理学ライブラリ

実験心理学

こころと行動の科学の基礎

大山　正 編著

サイエンス社

監修のことば

　心理学をこれから学ぼうという人の中には，おうおうにして先入観をもっている人が多い。それは，たいていマスコミで取り上げられることの多いカウンセリングや深層心理の問題である。心理学といえば，それだけを扱うものであるという誤解が生まれやすいのは，それらの内容が青年期の悩みに，すぐに答えてくれるように思われるからであろう。それらの臨床心理の問題も，もちろん，心理学の中で重要な問題領域であるが，心を研究する科学としての心理学が扱う問題は，もちろんそれだけではない。

　人間は環境の中で生きていくために，環境の事物をよく見たり，聞いたりしなければならないし，欲望を満足させるために行動しなければならないし，行動して得た貴重な経験は生かされなければならない。心は，考えたり，喜んだり，泣いたり，喧嘩したり，恋愛をしたりという，人間のあらゆる活動で働いている。大人の心だけではなく，子どもの心も知らなければならない。人はそれぞれ違った性格をもっているし，社会の中で生きていくためには人間関係がどのようになっているかも知らなければならない。

　心理学は実に豊富な内容をもっていて，簡単にこれだけが心理学であるというわけにはいかない。『吾輩は猫である』という作品一つで，夏目漱石とは，こういう作家であるといえないようなものである。夏目漱石を知ろうと思えば，漱石全集を読む必要がある。

　それと同じように心理学とはなにかということを理解するためには，知覚心理学も発達心理学も性格心理学も社会心理学も臨床心理学も，およそのところを把握する必要がある。

　われわれがさきに監修した「新心理学ライブラリ」は，さいわい世間で好意的に受け入れられ，多くの大学で教科書として採用していただいた。しかし近年，ますます大学で学ばなければならない科目は増加しており，心理学のみにあまり長い時間をかける余裕はなくなってきた。そこで，今回刊行する，心理学の各領域のエッセンスをコンパクトにまとめた「コンパクト新心理学ライブラリ」は現代の多忙な大学生にとって最適のシリーズであると信じる。

監修者　梅 本 堯 夫
　　　　大 山　　正

まえがき

　今日の心理学の分野はきわめて広く，教育心理学，社会心理学，産業心理学，臨床心理学，福祉心理学とさまざまに分かれている。しかし，このような多面性を持つ心理学は，実は同じ歴史，同じ方法論から生まれたものであり，その基礎には共通の心理学的なものの見方がある。心理学を学んだ人は，人間が関わる事柄について，人文系・理系を問わず他分野の人とはちょっと違った見方，考え方をする。

　その背景には，心理学の成立の歴史と心理学の専門教育課程の独自性がある。心理学は19世紀後半に哲学と科学を親として生まれた学問分野である。哲学からは「こころ」を研究課題とすることを受け継ぎ，科学からは研究方法を学んだ。心理学を独立の学問分野としたドイツのヴントは医学を学び医学部の員外教授にまでなっていたが，ライプチヒ大学の哲学教授に招聘され，そこで心理学の研究室を独立させた。

　彼の研究室で最初に生まれたのが実験心理学である。この実験心理学が基となり，それからさまざまな実践分野が生まれてきた。そのため，心理学の専門教育でも心理学の実験実習や実験心理学の科目を基礎科目必修とする場合が多い。心理学だけでなく教育心理学，社会心理学，臨床心理学などを専攻する場合にも，実験心理学が重要な基礎科目となっている。

　実験心理学自体も初期のヴント流の内観心理学は間もなくすたれ，20世紀前半にはゲシュタルト心理学と行動主義の影響を強く受け，20世紀後半には認知心理学が優勢となった。そのため，理論的視点や取り扱う問題は変化したが，実験的方法と測定法は

19世紀以来の方法が地道な進歩を伴いながら現在でも続けて使われている。フェヒナー以来の伝統を持つ精神物理学的方法，ドンデルス以来の反応時間測定法，エビングハウスの記憶実験法などがその例である。

　実験心理学で扱う感覚，知覚，認知，記憶，学習，動機づけ，情動，思考の過程が，人間の心理過程の基本であるだけでなく，それらの過程を研究する実験法が客観性，厳密性においてすぐれており，さまざまある心理学研究法のモデルとなっているからでもある。

　本書は，心理学の入門課程をすでに履修した学生が，専門課程に移る過程の基礎科目として実験心理学を学ぶ際のテキストとして編纂されている。実験実習の科目の履修と並行して本書が利用されることが好ましい。本書が活用されて，心理学の専門課程の理解に役立つことを祈念したい。

　また本書で実験心理学の諸問題に興味を持った読者が，さらに理解を深めたい場合は，各章の参考図書や本「コンパクト新心理学ライブラリ」の関連書を参照することをお勧めしたい。

　最後になるが本書の編集において大変お世話になったサイエンス社の清水匡太・出井舞夢両氏に心から感謝する。

　2007年2月

著　者　一　同

目　次

まえがき………………………………………………………………… i

第1章　実験心理学とは　　1

実験心理学の歴史 ……………………………………… 2
実験心理学の範囲 ……………………………………… 8
実験心理学の方法 ……………………………………… 8
　◆ 参 考 図 書 ……………………………………… 24

第2章　感　　覚　　25

感覚の種類 ……………………………………………… 26
感覚の属性 ……………………………………………… 30
感覚の限界 ……………………………………………… 30
感覚の強さ（大きさ）………………………………… 34
感覚の順応 ……………………………………………… 36
感覚の対比 ……………………………………………… 40
感覚の加重 ……………………………………………… 42
　◆ 参 考 図 書 ……………………………………… 44

第3章　知　　覚　　49

図 と 地 ………………………………………………… 50
形 の 知 覚 ……………………………………………… 52
錯　　視 ………………………………………………… 54
群　　化 ………………………………………………… 56
遠 近 感 ………………………………………………… 60
大きさの恒常性 ………………………………………… 64
運動の知覚 ……………………………………………… 64
誘 導 運 動 ……………………………………………… 66

仮 現 運 動 ……………………………………………… 68
　◆ 参 考 図 書 ……………………………………………… 71

第4章　認　　知　　　　　　　　　　　　　　　　　75

　　注　　意 …………………………………………………… 76
　　認知の枠組み ……………………………………………… 80
　　知識の構造と機能 ………………………………………… 86
　◆ 参 考 図 書 ……………………………………………… 96

第5章　記　　憶　　　　　　　　　　　　　　　　　97

　　記憶の枠組み ……………………………………………… 98
　　短期記憶と長期記憶 ……………………………………… 98
　　短 期 記 憶 ………………………………………………… 100
　　作 動 記 憶 ………………………………………………… 102
　　情報を長期記憶へ送り込む ……………………………… 106
　　長期記憶からの忘却 ……………………………………… 108
　　長期記憶からの想起 ……………………………………… 110
　　記憶の構成的な性質 ……………………………………… 112
　　未来の行動のための記憶──展望記憶 ………………… 114
　◆ 参 考 図 書 ………………………………………………… 117

第6章　学　　習　　　　　　　　　　　　　　　　 119

　　学習の種類 ………………………………………………… 120
　　古典的条件づけの基礎 …………………………………… 122
　　どんな反応が条件づけられるのか ……………………… 130
　　オペラント条件づけ ……………………………………… 132
　　2つの条件づけと遺伝的要因 …………………………… 142
　　学習研究の展望 …………………………………………… 144
　◆ 参 考 図 書 ………………………………………………… 145

第7章 動機づけ　　147

動機とは何か？ ………………………………………… 148
個体維持のための動機 ………………………………… 150
社会的動機 ……………………………………………… 154
学習性の動機 …………………………………………… 158
動機間の葛藤 …………………………………………… 160
動機づけ研究の発展 …………………………………… 162
◆ 参 考 図 書 …………………………………………… 170

第8章 情　動　　171

情動の研究法 …………………………………………… 172
情動喚起法 ……………………………………………… 178
情動と認知 ……………………………………………… 184
情動研究の展開 ………………………………………… 186
◆ 参 考 図 書 …………………………………………… 192

第9章 思　考　　193

思考研究へのさまざまなアプローチ ………………… 194
演繹的推論 ……………………………………………… 196
演繹的推論のメカニズム ……………………………… 198
帰納的推論 ……………………………………………… 200
類　推 …………………………………………………… 206
問 題 解 決 ……………………………………………… 210
◆ 参 考 図 書 …………………………………………… 214

引 用 文 献 ……………………………………………… 217
人 名 索 引 ……………………………………………… 229
事 項 索 引 ……………………………………………… 231
執筆者紹介 ……………………………………………… 238

実験心理学とは

　実験心理学とは,「実験」を研究の手段とし,実験の成果にもとづいた心理学である。心理学の研究史上比較的早い時期に実験法を導入した領域を一般に「実験心理学」と呼んでいる。また,心理学における実験法の体系を指して「実験心理学」と呼ぶこともある。

　実験心理学では,方法論を非常に重視する。これは科学の一般傾向であるが,心理学の場合対象が身近であることから,日常生活での既成通念や社会的常識が介入しやすいためとくに方法論を慎重に検討する必要がある。

実験心理学の歴史

　実験心理学の成立は，ヴント（Wundt, W.；図1-2）が世界初の公式の心理学実験室をライプチヒ大学に創設した1879年をその誕生とするのが通例であるが，それ以前にフェヒナー（Fechner, G. T.；図1-1）が『精神物理学原論』を著した1860年を始まりとすることもできる。フェヒナーは精神と身体，さらには心的世界と物質的世界の関係を論じることを目指した独自な学問として**精神物理学**（psychophysics）を位置づけ，その手始めに刺激と感覚に関する**フェヒナーの法則**を提唱した（第2章p.36参照）。その際に用いられた精神物理学的測定法は，きわめて手堅い客観的な方法であり，今日でも感覚や知覚の研究に広く用いられている（p.33 Topic参照）。また同じころドンデルス（Donders, F. C.）は，刺激から反応までの**反応時間**の精密な測定を試み，弁別課題を与えたときの反応時間と単純な反応時間の差から，弁別に関する精神過程の所要時間を測定しようとする**減算法**（subtraction method）を提唱した。反応時間測定は現在の認知過程研究でも広く用いられている。また当時は感覚生理学研究が盛んになった時代であり，ヘルムホルツ（Helmholtz, H.）がその中心であった。ヴントはヘルムホルツの助手を務めたことがある。これらはすべて実験心理学成立の歴史的背景をなしている（梅本・大山，1994）。

　ヴントは心理学の研究対象を直接経験，すなわち「意識」であると定義した。これは心理学を，思索にもとづく哲学と区別するとともに，誰でも共通に経験できる間接経験にもとづく自然科学とも一線を画そうとしたものと考えられる。つまり，一方で哲学とは違って経験科学であると主張し，他方で自然科学と異なり，心理学は各個人がそれぞれ別々に経験していること，すなわち

図1-1　G. T. フェヒナー
(1801-1887)

図1-2　W. ヴント
(1832-1920)

「直接経験」を対象とすることによって，心理学の独自性を主張しようとした。そして，その直接経験とは各自が経験できる「意識」を意味する。「意識」は確かに経験的事実であるが，人は自分の意識だけしか経験できない。他人の意識は経験できない。ここが自然科学が扱う間接経験との大きな違いである。

ヴントは心理学者を訓練して，各自の意識を，自分自身で観察（**内観**）し，分析して，心理学の基本データとしようとした。しかし，この方法では，訓練を受けた心理学者自身の意識しか研究の対象にできない。幼児や，精神異常者の意識を内観によって求めることはできない。また訓練を受けた心理学者であっても，激昂したときや悲嘆にくれたときの意識状態を自分で冷静に観察したり，分析したりすることは困難である。内観法の限界は明らかであった。実際にはヴント自身もより客観的な精神物理学的測定法や反応時間測定法を広く用いていたし，幼児や動物の心理状態にも考察を広げている。

ヴントにわずかに遅れてエビングハウス（Ebbinghaus, H.；図1-3）の記憶研究がなされた。彼はフェヒナーの『精神物理学原論』に触発されて，実験的・数量的方法を記憶の問題に適用した。エビングハウスは内観に頼ることなく，無意味な音節の系列を暗唱できるようになるまでに必要な反復回数を指標として，記憶過程の実験的研究を行い，1885年に『記憶について』を著した。記憶の実験的研究の始まりといえる。

20世紀に入ると，心理学の中に**精神分析学，ゲシュタルト心理学，行動主義**の3つの大きな流れが起こる。このうちフロイト（Freud, S.）の精神分析学は臨床例から理論を構築した点で，実験心理学と方法論がまったく異なるが，人間の行動の原動力であ

図 1-3　20 歳の H. エビングハウス (1850-1909)
パッサウ大学出品のエビングハウス記念展示会パンフレットより。詫摩武俊教授の提供による。

図 1-4　元良勇次郎 (1858-1912)

る要求や動機づけを重視する契機を与えた点での間接的影響は無視できない。

1912年に発表されたウェルトハイマー（Wertheimer, M.）の仮現運動（第3章 p.68 参照）の研究を契機に誕生したゲシュタルト心理学は，ヴントと違い要素観を廃し全体観を主張し，分析的内観よりも，現象的観察を重んじ，知覚研究などに大きな影響を与えた。さらに1913年の論文においてアメリカのワトソン（Watson, J. B.）がその立場を発表した行動主義では，心理学は客観的実験的な自然科学の一分野とされ，その研究対象は誰でも客観的に観察できる行動であると主張された。彼は刺激と反応の関係を明らかにして，刺激により反応を予測し統制することが心理学の課題であるとした。この立場はすぐには広く受け入れられなかったが，その後の実験心理学の方法論に大きな影響を与えた。

ワトソンの後にトールマン（Tolman, E. C.）とハル（Hull, C. L.）などの**新行動主義者**は，独立変数である刺激などの条件と従属変数である行動との間に仮説的な**仲介（媒介）変数**（intervening variables）I_1, I_2. ……を介在させて，独立変数と従属変数を間接的に結びつけようとした。彼らが考えた仲介変数は，有機体の習慣や動機であった。このような考え方は，その後の多くの心理学者に引き継がれている。感覚，知覚，記憶，認知，学習，要求，感情などの心理学の多くの概念は，一種の仲介変数である。

さらに，1970年代からは心理過程を情報処理過程と見なし，それまで実験心理学の対象として，あまり扱わなかった注意やイメージや言語をも情報処理の内部過程として実験研究の対象とする**認知心理学**（cognitive psychology）が盛んになり，とくに記憶，思考研究に大きな影響を与えている（第4章，第5章，第9章参

Topic 元良勇次郎と日本の実験心理学の始まり

日本における最初の実験心理学者は元良勇次郎（1858-1912）である（図1-4参照）。彼はヴントに直接指導を受けた米国のホール（Hall, G. S.）の下に留学し心理学を学んだ。帰国直後の1888年に帝国大学文科大学（現東京大学文学部）講師として担当した科目が「精神物理学」という科目であった。彼自身の記録によると講義とともに7種の実験の実習が記されており，反応時間，連想実験，弁別閾測定など当時の実験心理学における最新の実験法，測定法が用いられている（大山，2002）。翌年この講義にもとづいて『哲学会雑誌』に連載した「精神物理学」の第8回注意試験法（元良，1890）で彼自身が行った実験結果も紹介している。スリットが空いたパネルとその背後に水平に置かれたカイモグラフ（円筒）を用いた実験装置（図1-5）で短時間提示される文字のうち何字正しく読めるかという注意の範囲の実験である。おそらくこれがわが国でなされた組織的な心理学実験の最初であろう。

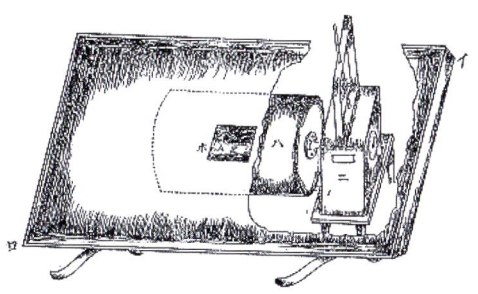

図1-5　元良（1890）が使用した注意の実験装置

照)。

🔵 実験心理学の範囲

　今日では実験的方法は社会心理学を含め広く用いられているが、実験心理学の名で呼ばれる研究分野は、通常、初期から実験的方法が取り入れられた心理学の分野を指すことが多い。たとえば実験心理学創成期のティチェナー（Titchener, 1901, 1905）の『実験心理学』は感覚、感情、注意、反応、知覚、精神物理学的測定法、反応時間、弁別、連想、時間評価からなっている。半世紀後のウッドワースら（Woodworth & Schlosberg, 1955）の『実験心理学』では反応時間、連想、注意、情動、精神物理学、感覚、知覚、学習、記憶、思考を含んでいる。現在のアメリカ心理学会発行の『実験心理学雑誌』（*Journal of Experimental Psychology*）は「一般」「人間の知覚と遂行」「学習、記憶、認知」「動物行動過程」「応用」の5分野に分けて発行されている。

　以上見てきたように、伝統的に実験心理学が扱っている範囲は正常な成人の心理機能の各段階、各側面を実験的方法で研究する研究分野とその成果であるといえる（図1-6）。人間の心理機能の理解のために動物を被験体として使用することもあるが、動物の行動の研究を主な目的とする動物心理学、比較心理学とは一線を画している（p.15 Topic 参照）。

🔵 実験心理学の方法

　仲介変数の推定　実験心理学の研究対象である感覚、知覚、学習、記憶、注意、認知、要求、感情、情動、思考などは、直接に観察できるものではない。前述の新行動主義者の指摘のように、

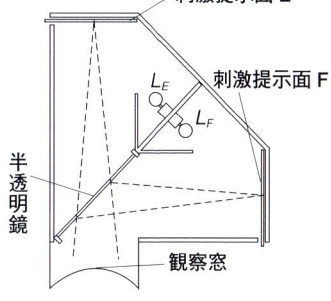

(a) ミラー式瞬間露出器（タキストスコープ）(Woodworth & Schlosberg, 1955)

L_F を点灯すると F 面の刺激（たとえば凝視点）が半透明鏡に映って現れ、代わって L_E を点灯すると E 面の刺激が半透明鏡を通して現れる。L_E を所定の時間だけ瞬間的に点灯することにより、E 面の刺激を瞬間露出できる。

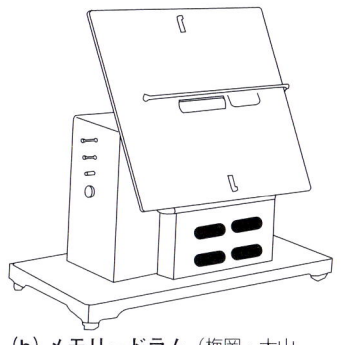

(b) メモリードラム（梅岡・大山、1966）

記銘材料を中央の窓に所定の時間間隔で系列的に提示する。

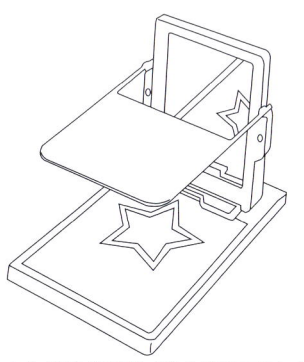

(c) 鏡映描写器（竹井機器工業カタログ、2004）

鏡に映った自分の手と星型を見ながら星型を鉛筆でたどる。反復学習すると次第に正確に速く描けるようになる。

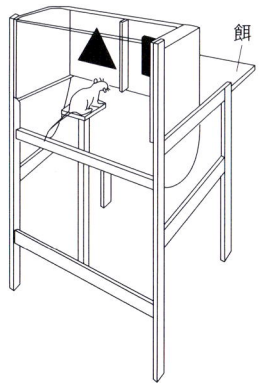

(d) ラシュレイ式跳躍台（梅岡・大山、1966）

弁別学習の装置。ネズミが正しい形のほうに跳べば窓が開き、餌が食べられる。

図 1-6　伝統的な心理学実験機器

独立変数である刺激と従属変数である反応の間に仮定される仲介変数と考えられる。直接観察できる独立変数と従属変数の間に仲介変数を仮定して，独立変数と従属変数との間の関数関係から，それらの仲介変数の性質を推定しようという考え方は，**ブラックボックス**の考え方に通じる（**図1-7**）。中を開いてみることができない箱の中の構造を，その箱に与える**入力**（input）とその箱が出す**出力**（output）の関係から推定しようという考え方である。

　これは，入力を組織的に変化させた際の出力の変化を観察して，内部の構造を推定するのである。その際，入力・出力といっても力である必要はない。入ってくる情報と出て行く情報を意味することも多い。心理学の場合は，ブラックボックスは人間や動物であり，入力は刺激などの外部条件で，出力は反応ないし行動である。広く条件と結果と考えても良い。**図1-7**に示されるように，人間や動物は多数の刺激（あるいは刺激特性）を受け，多様な反応（あるいは反応特性）を表している。それらは入力（独立変数）と出力（従属変数）に相当する。ブラックボックスの中の構造に相当するのが，仲介変数の体系である。はじめはあくまで仮説であったものが，研究技術が発達してブラックボックスの中を開けて調べることができるようになったときには，それまで仲介変数ないし仮説構成体として仮定されたものが実証されることもある。

　入力と出力の関係を調べる方法は他にもあるが，入力である刺激やその他の条件を実験的人為的に統制し変化させて，その結果として出力である反応がどのように変化するかを客観的に厳密に観察し，条件と結果の関数関係を明らかにするのが，実験心理学の特徴である。

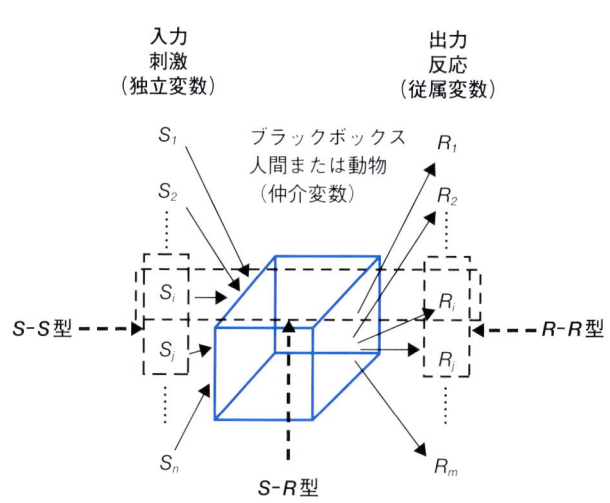

図1-7 ブラックボックス・モデル

実験法の特長　実験も広義の観察であり，実験的に条件を設定した状況下の観察である。多くの自然科学では実験的方法を用いるが，実験的方法が取れないものもある。たとえば天文学や気象学や地震学では，実験的に条件を統制することが困難であるからである。実験法はその他の観察方法に比べて，次の点で優れている。

1. 実験者が統制しにくい外部からの影響を遮断して，単純な条件を作りうる。実験のために，外部の影響を受けにくい暗室や防響室などの実験室が準備されるのはそのためである。
2. 日常的にはごくまれにしか起こりえないような条件を人為的に作ることができる。
3. 研究者が十分に準備を整えた状況下で計画的に事象を生起させて，観察や測定ができる。実験には準備が必要である。そのためには，条件を設定するための実験装置と，観察と測定のための装置が利用される。
4. 実験は同一条件において繰り返すことが可能であり，同じ研究者が観察回数を増やして信頼性を高めたり，また別の研究機関に所属する複数の研究者によって独立に反復検証することで客観性を高めたりすることができる。
5. 条件を組織的に変化させて，これに伴う事象の変化を観察・測定することによって条件と結果との関数関係が追究できる。
6. ある仮説を検証するためにもっとも適した条件を意図的に設定することができる（Topic参照）。

実験者・実験協力者・観察者・実験参加者　前述のように，ヴントは心理学者を訓練して，各自の意識を，自分自身で観察し，分析して，心理学の基本データにしようとしたが，今日の心理学では

Topic 「利口な馬ハンス」の謎を解く

　20世紀の初頭に，ハンスという利口な馬の話がベルリンで評判になった（図1-8）。加減乗除の計算，単語のスペル，時計の針の読み，和音の区別などが小学高学年生並みにできるというのである。ただし，馬は声を出しては答えられないから，前足で地面をたたく回数や，首の振り方で答えるという。心理学者，生理学者，動物園長，サーカスの専門家などで委員会をつくり調査したが，トリックはないということでますます評判が高くなった。飼い主がいないときでも，この馬はたとえば「4＋3＝　」という問題を提示されると，前脚で地面を7回たたいて答えた。

　そのときの審査委員の助手を務めていたプングスト（Pfungst, 1965）という若い心理学者は，その結論に納得せず，その後次のような実験を試みてその不思議を見破った。彼はまず大きなテントの中にハンスを入れ（実験の特長1），あらかじめ作っておいた多くの問題カードの中からランダムに1枚抜いてハンスに見せ，その反応を見た。その際，実験者がカードを見る場合と見ない場合を半数ずつ試行した（実験の特長2, 5）。その結果，実験者が問題を見た試行では90％以上が正答であったが，実験者が問題を見ない場合は正答率は10％程度にすぎなかった。そこでプングストは，正答に達したときの実験者のわずかな動作がハンスの手がかりなっているのでないかと考えて，間違った答えのときにわざと安堵したふりをすると，ハンスはそこで足踏みをやめた（実験の特長6）。つまりハンスは，正答数に至ったときに見物人が示すわずかな安堵の仕草を手がかりに足踏みを止めていたのである。

図1-8　利口な馬ハンス
（Pfungst, 1965）

実験者と研究対象の人とは別人である。実験の対象となる人々は被験者，実験協力者，実験参加者などと呼ばれる（p.21 Topic参照）。研究テーマによっては観察者とも呼ばれる。それらの人々には実験目的の細部を知らせずに実験に参加してもらう。目的や研究仮説を知っていると，結果がゆがむ恐れがあるからである。ボランティアやアルバイトの人が多く参加する。授業の一環として大学生が参加することもある。実験協力者のプライバシーと人権と自由意志を尊重し，精神的，身体的危害を与えないように万全の注意が必要である。目的，結果については必要に応じ，実験前は知らせずに実験終了後に知らせることが好ましい。また，研究テーマによっては，共同研究者同士が，交互に実験者・実験協力者を務めることもある。心理学では動物が実験対象となり，被験体として使用することも多い（Topic）。

心理学実験における測定 刺激をはじめとする種々の条件（S）と反応ないし行動（R）の関数関係を追究するのが心理学の課題であることはすでに述べた。これを **S-R型の研究法** と呼ぶことができる。刺激の強さと反応時間の関係，音刺激の周波数とGSR（皮膚電気反応）の大きさの関係，練習回数と作業の所要時間の関係，記銘の反復回数と再生率の関係などがその例である。これらの場合，反応時間，反応の大きさ，反応の生起率などを測定値（R）として採用して，刺激や試行数などの客観条件（S）との関数関係が探求される（図1-7参照）。生理学的反応指標を用いる場合も多くはこの型により解析される。通常，この種の実験結果は，横軸に刺激などの条件をとり，縦軸に反応指標を示すグラフで表す。

しかし，感覚・知覚研究では，光の波長と光覚閾，標準刺激の

Topic なぜ心理学で動物実験を行うのか？

　人の心を知るのが目的であるはずの心理学に，人間以外の動物を使った実験があると聞いて驚く人がいるかもしれない。しかし，本書で述べているような実験心理学のほぼ全領域にわたる重要な知見が動物実験から得られているのである。さらに，発達，臨床，社会といった分野にも動物実験の成果が生かされている。

　もちろん，動物実験に厳格な倫理的配慮が求められることは言うまでもない。心理学者は単なる知的興味で動物実験を行っているわけではなく，人間のためになることなら動物を犠牲にしてもかまわないと考えているわけでもない。

　そのうえで動物実験を行う理由はいくつかあるが，主なものを挙げると，第1に，人の心を進化の産物と考えるかぎり，動物の行動と人間の心的活動の間に根本的な断絶はないと想定されるからである。第2に，人を対象とした実験では，実験協力者の遺伝的素因や生育歴，生活環境などの厳密な統制が難しいからである。第3に，とくに神経科学的な領域では，いまだに動物実験でなければ分からないことが多いからである。

　動物実験を通して，心理学者はもの言わぬ動物の「心」を読み取るために，実験方法や結果の記述などにさまざまな工夫を重ねてきた。読者自らが動物実験に従事するかしないかは別として，人の心の理解を試みるならば，その工夫から学ぶことは多いはずである。　　　　　　　　　　（廣中直行）

重量と重さの弁別閾,ミュラー・リヤー錯視図の矢羽の長さと錯視量などの関係の追究がその例として挙げられる。これらの例では,条件も波長,重量,長さのような物理的な量 (S_1) であるとともに,測定値の光覚閾,弁別閾,錯視量も物理的量 (S_2) で表される。それでは反応 (R) は関係ないのかというと,もちろん関係している。各回の試行では「見える」「見えない」,「重い」「軽い」,「長い」「短い」,などの判断反応がなされている。それらの判断反応 (R) が50％ずつになるような刺激条件を求めて閾値とか主観的等価点という測定値としている。つまり反応 (R) が特定の値になるに適した2種の刺激値 (S_1, S_2) の組合せ関係を求めているのである。したがって条件も測定値も刺激の値で示される。刺激変数が多数ある場合にはそのうちの2変数S_iとS_jの間の関係が求められる(図1-7参照)。感覚・知覚研究で広く用いられる精神物理学的測定法(p.33 Topic参照)はこのS-S型に該当する。第2章の多くの図では横軸も縦軸も物理的単位で示されているが,横軸は刺激条件,縦軸は閾や主観的等価点などの測定値(結果)を示している。そのほか記憶の範囲,学習における消去抵抗,なども反応の値でなく,反応が一定の水準になるための客観条件が測定値として採用されている。その点から,これらの値と客観条件(訓練回数など)との関係を調べる研究はこの*S-S型研究法*に分類できる。

また時には,同一の条件下で生じる複数の反応指標 (R_1, R_2, ……R_i, R_j……) 間の関連を相関係数や因子分析を用いて分析する場合もある。これを*R-R型研究法*と名づけることもできる(図1-7参照)。これは心理テスト,質問紙調査などで多く用いられるが,知覚研究などにおける実験現象学的研究も同一条件下で生

Topic 数量化，尺度の水準

心理学で扱う数値は物理学で扱う数値ほどには厳密な数でない場合が多い。20が10の2倍を意味しているとは限らないし，10と20の差と20と30の差が等しい間隔であるとの保証はない。それは条件を示す独立変数の場合も，結果を示す従属変数の場合も，また仲介変数の場合も同様である。スティーヴンス（Stevens, 1951）は，尺度には下記の4段階があるという。この尺度の段階は数量化の段階を示している。

A. 名義尺度（nominal scale）：運動選手の背番号のように，誰が何番と決まっているだけで，番号の大小は量的な意味を持たない。名前や記号と同じである。たとえばデータ入力の際に男女の性別を1と0で表したとすると，それも名義尺度である。性格や反応のカテゴリの分類などもこれに含まれる。

B. 順序尺度（ordinal scale）：学業成績の順位や，マラソン競技の到着順のように数が単に順位を表すだけで，1位と2位の間隔と2位と3位の間隔が等しいという保証はない。平均値を出してもあまり意味がない。心理学の多くの数値がこの性質を持つ。順位尺度ともいう。

C. 間隔尺度（interval scale）：西暦と平成の年号や摂氏と華氏の温度のように1年の間隔，1度の温度差はそれぞれ一定の意味を持つが，原点（ゼロ）は比較的便宜的に決められている尺度である。平均を求めることは意味があるが，比率を問題とする意味はない。心理学で数量的分析を進める際に，得られた数値を間隔尺度に従ったものとみなす場合が多い。

D. 比率尺度（ratio scale）：メートル，グラム，秒でそれぞれ示される長さ，重さ，時間のような物理的単位は間隔も比率も量的意味を持つ。ゼロの値が絶対的な意味を持つ。心理学ではこのような数値はなかなか得がたい。

じる現象報告の相互関連を問題とする点で*R–R*型研究法に入れることができる（Oyama, 1969）。

　心理学的実験中の測定で得られる数値は，一見厳密な数値であるような印象を与えるが，物理的測定と比べると数値としての厳密さが低いものが多いので，その解釈や分析に注意する必要がある（p.17 Topic 参照）。

対照（統制）実験・対照（統制）群　　多くの心理学実験には，対照（統制）実験（control experiment）の実施または対照（統制）群（control group）の設定が必要である。医学においても，新薬の医療効果を臨床検査で調べる際に，新薬の代わりに，擬薬（プラシーボ；p.167 Topic 参照）を与える統制群を設定する。新薬を与えなくても自然治癒する場合もあるし，投薬されたという安心感による心理的効果もある。この対照群と実際に新薬を与えた実験群の結果の差が新薬の真の効果を示す。心理学においても，ある操作の効果が実際にあったのか，単なる反復や疲労や慣れや空間位置や時間順序などの効果なのかを調べる必要がある。

　錯視実験において，たとえば図1-9の左上の同心円の内円と右上の円は物理的にはまったく同じ直径であるが，一般に同心円の内円が大きく見える。デルブーフ（同心円）の錯視である（第3章 p.57 参照）。その錯視量を測定するためには，右の比較円の直径を少しずつ変えて，左右等しい大きさに見える比較円直径を求める。主観的等価点である（p.33 Topic 参照）。その際，錯視図形についてそのような測定をするだけでなく，単純な円を2つ左右に並べた場合についても右円の直径を少しずつ変えて同様な測定をする。対照実験である。物理的にまったく同じ大きさの2円でも，人によって右の円がわずかに大きく見えたり，左の円がわ

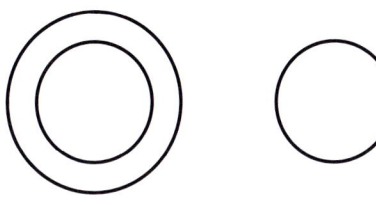

錯 視 実 験

対 照 実 験

図1-9　錯視実験と対照実験

ずかに大きく見えたりするからである（空間誤差）。錯視図形を用いて求めた主観的等価点と，このような対照実験において求められた主観的等価点との差が<u>錯視量</u>である。

また記憶における<u>逆向抑制</u>（干渉）（第5章p.108参照）と呼ばれている現象では，あることを覚えた後で，別の心的活動をすると，先の記憶が阻害されることが知られている。この効果の測定のためには，本実験と対照実験を別の実験協力者群に行う。その実験協力者群を対照（統制）群と呼ぶ。逆向抑制の場合，たとえば次のような実験計画で行う。

実験群：（第1系列の記銘）→（第2系列の記銘）→（第1系列の再生）
対照群：（第1系列の記銘）→（無関係な活動）→（第1系列の再生）

この際，第1系列の記銘と第1系列の再生テストの時間間隔は両群で等しくしておく。その間，単に自由に放置すると，ひそかに記憶課題の復習をすることもあるから，記憶課題と別種の比較的楽な活動（たとえば，課題とできるだけ関係の少ないアンケート調査）に従事させておくことが好ましい。また，このような実験計画では，実験群と対照群が記憶能力や経験などで等質であることが保障されていなければならない。同年齢層の等質の実験協力者をランダムな順に実験群と対照群に同数ずつ分けるのがよい。さらに予備実験で，課題と類似の記憶テストで，実験群と対照群の差がないことを確かめておくことが望ましい。

Topic　被験者か実験協力者か

　実験心理学の方法が20世紀初頭に内観法から脱して，研究者である実験者と実験対象である人を峻別して，実験の客観性を保持するようになって以来，長らく実験対象である人を「被験者」（英=subject, *S*；独=Versuchsperson, *Vp*）の名称で呼んでいた（小笠原，1957）。ところが1990年代からアメリカ心理学会で"subject"に代わり，より人間らしい"participant"の名で呼ぶようになり（American Psychological Association, 1994），わが国でも，"participant"に相当する名称として「協力者」「参加者」と呼ぶようになった（日本心理学会，2004）。その時代的背景としては，心理学における実験法の適用範囲が，初期の感覚・記憶などの領域から情動や対人行動にまで広がり，また心理学者の専門的活動が研究のみならず，心理検査，心理相談，心理治療，人事・広告・宣伝などにまで広がり，人権や公正やプライバシーを侵したり，心理的・身体的危害を与える可能性が生じてきたため，専門家としての心理学者の倫理綱領が規定されるようになったことがある（アメリカ心理学会，1996；Sabourin, 1999）。

　実験に先立ち，実験協力者（またはその保護者）に，実験の目的・内容について十分な説明を行い，参加の同意を得なければならない。ただし，説明が実験結果に影響を及ぼす恐れがあるときは，事前には，その概略のみを述べ，事後に補足説明を行う場合もある。また実験で得られた情報は厳重に管理し，個人情報の保護に注意しなければならない。実験結果の公表もあらかじめ同意を得る必要があり，了解なしには個人の特定ができないように留意しなければならない（アメリカ心理学会，1996；日本心理学会，2004）。

Topic 心理学実験装置としてのコンピュータの利用

　心理学実験のためにタキストスコープ（瞬間露出器），メモリードラム（p.9 図1-6参照），反応時間計時器，ロジックモジュールなどさまざまな機械が考案されてきた。現在ではパソコンの性能が向上し，価格も手頃になってきたために，汎用性や移植可能性を考えてパソコンを実験に使うことが多い。しかし，研究目的によってはパソコンの性能に頼るだけでは不十分な場合もあるので注意が必要である。その例を挙げてみよう。

1. 感覚・知覚実験：色刺激の提示や錯視量の測定，刺激の瞬間的提示など，精度が要求される知覚実験では，パソコンの中央演算処理装置（CPU）やビデオチップの性能に加えてディスプレイの走査速度や残光特性も重要である。液晶ディスプレイが主流となった現在，正確な刺激提示を行うためには実際に実験を始める前にこれらの特性をよく調べ，輝度，色度を測定し，十分なキャリブレーションを行う必要がある。

2. 反応時間の測定：認知心理学の実験では実験協力者の反応時間を測定し，微妙な差異から情報処理メカニズムを推定することがよく行われる。ここではミリ秒（ms）単位の正確な時間測定が要求される。ソフトウェアだけでもある程度の反応時間測定は可能だが，精度を上げるためにはタイマーを付設したり，特殊なインタフェースを用いたりしたほうがよいこともある。

3. 外部機器の制御：学習や動機づけの実験，ことに動物実験ではパソコンで機器を制御するのが一般的である。この場合，どのようなシステムを選択するかによって使い勝手が大きく異なる。また，パソコンの処理にかかる負荷によっては制御に遅れが出ることもある。時間制御に工夫が必要なのは反応時間測定の場合と同じである。近年の行動観察では，ヒトでも動物でも，ビデオ画像を取り込んでイベント数や持続時間を解析することもよく行わ

れる。

このように，心理学実験にパソコンを用いる場合には，ビジネスソフトやインターネットブラウザなどが使えるレベル以上の知識と技術が要求される。また，言語は何であれ，自分でプログラムを学んでみることも有意義である。一見すると便利なシステムが市販されているが，実験者自らが工夫しなければならない。バーチャルリアリティ技術や人工知能（AI）技術の進歩が目覚ましい今日，心理学と工学のコラボレーションも有意義な時代になってきたと言えるだろう。

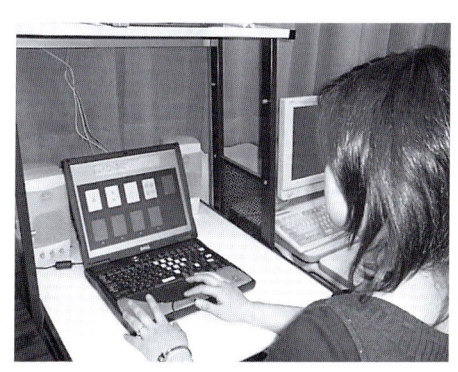

図1-10　パソコンを使った心理学実験の例

（廣中直行）

● ● ● 参考図書

大山　正・岩脇三良・宮埜壽夫（2005）．心理学研究法——データ収集・分析から論文作成まで——　サイエンス社

実験法を含めた心理学研究法全般について解説している。

梅本堯夫・大山　正（編著）（1994）．心理学史への招待——現代心理学の背景——　サイエンス社

実験心理学の歴史について詳細に解説されている。

市川伸一（編著）（1991）．心理測定法への招待——測定からみた心理学入門——　サイエンス社

心理学の諸領域における測定法を解説している。

大山　正・中島義明（編）（2012）．実験心理学への招待［改訂版］——実験によりこころを科学する——　サイエンス社

心理学における実験的研究全般が解説されているが，とくに第1章に心理学の実験法の意義が述べられている。

廣中直行（編著）（2004）．心理学の新しいかたち第4巻　実験心理学の新しいかたち　誠信書房

神経生理学，生物科学との関連を重視した文字どおり新しい形の実験心理学の解説書。

北村英哉・坂本正浩（編）（2004）．パーソナル・コンピュータによる心理学実験入門——誰でもすぐにできるコンピュータ実験——　ナカニシヤ出版

PowerPoint, SuperLab, Inquisitといったソフトの心理学実験への利用，HSP, Visual Basic, Delphi言語を用いたプログラミングによる心理学実験を，実例を挙げながら解説している。

感　　覚

　われわれが日常生活をスムーズに行うためには，周りの環境の状況を知る必要があり，それは感覚を通してなされる。われわれはほとんどすべての情報を感覚を通して受け取る。感覚に障害がある場合は身体に障害がなくても行動も不自由となる。感覚は生存にとって不可欠なばかりでなく，読書などの知的生活や美術・音楽・テレビ・香料・食事・表情・スキンシップ（肌の接触）などを通して感情・情動に対しても重要な働きをしている。

感覚の種類

　古代ギリシア時代のアリストテレス以来，人間の感覚には視覚・聴覚・味覚・嗅覚・触覚の五感（官）があるとされる（梅本・大山，1994）。このうち，触覚は皮膚感覚とも呼ばれ，圧覚，温・冷覚，痛覚も含む。このほか自己の身体運動に関する筋運動感覚，身体の方向に関する平衡感覚，身体内部に関する有機感覚がある。

　これらの感覚は，その種類に応じて，その感覚を生じさせる刺激と，その刺激を受けとる感覚受容器，並びに受容器からの生理的信号を伝達する感覚神経系が異なっている。たとえば視覚の場合は，適刺激は約380〜780 nm（ナノメートル：メートルの10億分の1）の電磁波であり（図2-1），眼球の奥にある網膜中の錐体と桿体と呼ばれる2種の視細胞が受容器で，視覚神経系を経て大脳視覚領に生理的信号が達して視覚が生じる。錐体は色覚に関係し，桿体は明るさ感覚のみに関係する（p.32参照）。聴覚の場合は，周波数が約20〜20,000 Hz（ヘルツ：1秒間の振動数）の音波が耳の鼓膜を振動させ，内耳の中の蝸牛の中にある聴覚の受容器である有毛細胞を刺激して，生理的信号が聴覚神経系を経て，大脳に達して聴覚が生じる。

　このように感覚の種類に応じて，それらを生じさせる刺激，受容器，生理的伝達経路が異なっている。またそれぞれの感覚受容器が受け取れる刺激には限界があり，紫外線や赤外線はヒトの目では感じられないし，超低周波音や超高周波音はヒトの耳では聞こえない。しかし生物の中には，ヒトの感覚よりすぐれた感覚器を持っているものがあり，たとえば，ハチはヒトの見えない紫外線が見えるし，コウモリは超高周波音が聞こえ，ゾウは超低周波

A　　　　　　　　　　　波長（メートル）

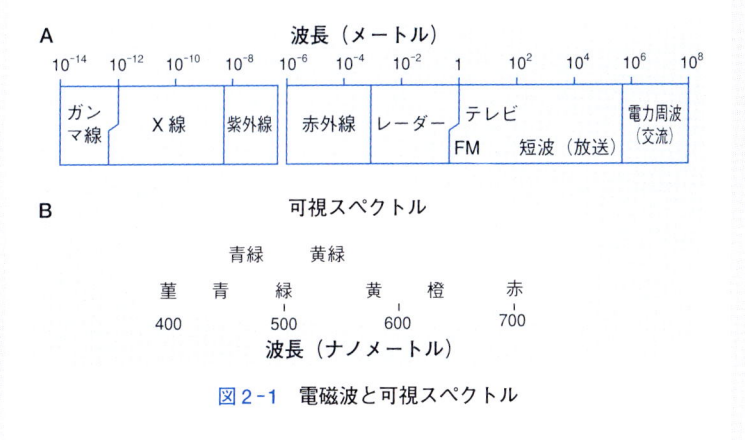

10^{-14}　10^{-12}　10^{-10}　10^{-8}　10^{-6}　10^{-4}　10^{-2}　1　10^2　10^4　10^6　10^8

| ガンマ線 | X線 | 紫外線 | 赤外線 | レーダー | テレビ　FM　短波（放送） | 電力周波（交流） |

B　　　　　　　　　可視スペクトル

　　　　　青緑　　黄緑
　菫　　青　　緑　　黄　　橙　　赤
　400　　　500　　600　　700
　　　　　波長（ナノメートル）

図2-1　電磁波と可視スペクトル

音が聞こえる。イヌはヒトの聞こえないような小さい音を聞きうるし，かすかな匂いを感じうる。

　視覚で感じる色と聴覚で感じる音はまったく異なった感覚内容であり，このような感覚の種類に応じたそれぞれの感覚経験を**モダリティ**（modality）という。モダリティの違いは外界からの刺激の物理的性質の違い（光線であるか音波であるかなど）をそのまま反映したものではない。眼球を圧迫すると暗黒中でも光を感じることがあり，外界に音波がなくても耳鳴りがすることがある。刺激されて興奮する感覚神経の違いによって，生じる感覚のモダリティが変わる。すなわち感覚は外界の刺激よりも感覚神経の興奮を反映したものであり，感覚の種類すなわちモダリティの差が生じるのは感覚神経の個別性による。

　このことを19世紀にヨハネス・ミューラー（Müller, J.）が**特殊神経エネルギー説**として次のように述べている。

　「感覚は，感覚領が，神経を媒介として，かつ外的原因の作用の結果として，外界の事物ではなく，感覚神経自体の性質と状態に関する知識を受け取ることによって成り立つものである。このような感覚神経の性質は各感官で異なっていて，各感官は，それぞれ固有の性質すなわちエネルギーを持つ。」（梅本・大山, 1994）。

　難解な文章であり，またエネルギーの概念が現在とは異なるので分かりにくいが，要点は，ヒトは外界の光線や音波や熱や化学物質を直接感じているのではなく，それらの物理・化学的刺激をそれぞれの感覚受容器が受けて感覚神経が興奮し，その興奮が脳に伝わったときに感覚が生じること，また視覚・聴覚・味覚・嗅覚・触覚の別は，外界の刺激の種類でなく，興奮する感覚神経の

Topic 色覚説

　色を区別し，色覚を体験するための目のメカニズムに関する学説として，ヤング=ヘルムホルツの3色説とヘーリングの反対色説がある。

　3色説は混色の事実にもとづいている。カラーテレビの画面には赤・緑・青の3種の発光体しかないのにあらゆる色が見える。たとえば赤と緑が発光し青が発光しない場所は黄色が見える。3色が均等に発光していれば，白く見える。これが加法混色である。この事実はニュートンが17世紀にすでに太陽光とプリズムとレンズを用いて実証していた。この事実にもとづいて19世紀初頭にヤング（Young, T.）が網膜中には3種の神経があり，その興奮の比率でさまざまな色覚が生じるという説を提出していた。その後ヘルムホルツ（Helmholz, H.）が前述の感覚の種類に関するミューラーの特殊神経エネルギー説を感覚の属性にまで拡張してヤング=ヘルムホルツの3色説を確立した。それによると3種の錐体があり，それぞれ長，中，短の波長領域の光に感度が高く，それぞれの錐体が伝える興奮の大きさの比率関係によって，さまざまな色の感覚が生じるとされる。この説は長らく仮説であったが，その後わが国の生理学者冨田恒男らによって3種の錐体が発見され実証された（大山，1994）。

　他方，黄色は赤と緑の混色で生じるが，黄は赤みも緑みもないユニーク（独自）な色である点から原色に数え，赤と緑，黄と青，白と黒を対立する色（反対色）と考え，赤と緑のような反対色同士は同じ過程の反対の極と仮定する反対色説が，19世紀末にヘーリング（Hering, E.）によって提唱された。この反対色説の生理的基礎も錐体レベルよりも高次の神経過程で見出されている（大山，1994）。

種類で決まるということである。したがって，可視光線や可聴音波のような通常の刺激（適刺激）でなくても圧力のような他の原因（不適刺激）で視覚神経や聴覚神経が興奮しても，それぞれ光や音を感じることがあるのである。

感覚の属性

また同じ感覚の中でも性質に違いが出てくる。たとえば赤と緑の色の違い，音の高低，味覚の甘味，塩から味，苦味，酸味の違いなどがある。これを感覚の属性（attribute）という。感覚の属性には感覚の質（quality）と感覚の強さ（intensity）がある。

色覚の場合は色相（赤・橙・黄・緑・青・紫などの色調），明度（明るさ），彩度（鮮やかさ）の3つの次元に沿って変化する。これらを色の3属性という。この3属性のうち，色相は波長に，明度は光の強度（輝度または反射率）に，彩度は純度という刺激の特性にほぼ対応する。色相は感覚の質で明度と彩度は感覚の強さの例である。色相は，スペクトルの両端の赤と菫の間に，スペクトルにはない色相である紫をはさんでつなげて円環状に並べると色円ができる。明度をその円の中央を垂直に貫く軸，彩度を円の中心からの距離で表すと，円筒座標系によってすべての色を3次元空間中に配置することができる。これを色立体（color solid）と呼ぶ。たとえば図2-2のマンセルの色立体はその例である。

感覚の限界

刺激があっても必ず感覚が生じるとは限らない。たとえば物理的には存在しても非常に遠くにある星の光のように弱い光は肉眼では見えない。また，腕時計の音のようにあまりに小さい音は物

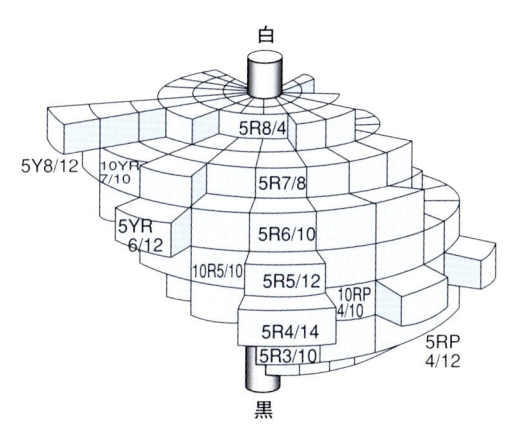

図2-2 マンセルの色立体（Bond & Nickerson, 1942）

理的には存在していても聞こえない。また小さい音は若い人に聞こえても高齢者には聞こえない場合がある。料理に入れられたわずかな量の塩の味は感じない場合もある。このように，ある限界以上の刺激の強度でないとわれわれに感覚を生じさせない。それ以下の光や音の刺激は物理的には存在しても感覚は生じない。この限界を刺激閾という。閾（threshold）とは入り口の敷居に由来する名称である。敷居をまたがないと屋内に入れないことになぞらえて，閾以上の強度がないと光も音も人の感覚の中に入れないと考えるのである。他方あまりにも強い音波は音として感じず，痛みになってしまうことがある。このような刺激強度の上の限界を刺激頂という。刺激閾（下限）から刺激頂（上限）までがわれわれの感じる感覚の範囲である。

　刺激閾も刺激頂も，固定した値があるわけではなく，人によっても条件によっても異なる。一般に刺激閾が高いほど感受性（sensitivity）は低く（鈍感），刺激閾が低いほど感受性が高い（敏感）。たとえば音の刺激閾が高いことは聴力が低いことを意味する。また刺激の性質にも依存して変化する。たとえば視覚の刺激閾は波長によって変化する。図2-3のように中心視（錐体による）では555 nm（ナノメートル）付近で最低になり，それより長波長側も短波長側でも刺激閾は上昇する。暗順応下の周辺視（桿体による）では全般に刺激閾は中心視より低く（感受性が鋭い），510 nm付近で最低となる（ただし中心視の刺激閾に達するまでは明るさのみで色は見えない）。聴覚では図2-4（p.35）の最小可聴値（聴覚の刺激閾と同意）の曲線で示されているように，周波数が3,000～4,000 Hz（ヘルツ）付近で刺激閾が最低になる。

　同じモダリティに属する2つの感覚の質または強さを比較する

Topic 精神物理学的測定法

　精神物理学的測定法（psychophysical method）という名称は古めかしい印象を与えるが，現在でも感覚・知覚研究に広く用いられる方法である。19世紀のフェヒナー（p.3 図1-1参照）の精神物理学に由来するので，この名がつけられている。最近では心理物理的測定法と呼ぶこともある。心理学史上でもっとも早く発達した数量的測定法であり，その後の心理学における測定法の発達の道を拓いたものとも言える。この方法で測定される主な対象は**刺激閾**（感覚が生じる最低の刺激強度。例：視覚・聴覚・圧覚の刺激閾；図2-3，図2-4），**弁別閾**（感覚的に区別できる最小の刺激差異。例：ウェーバーの重さの弁別閾実験），**主観的等価点**（ある感覚的または知覚的特性において標準刺激と等しく感じられる比較

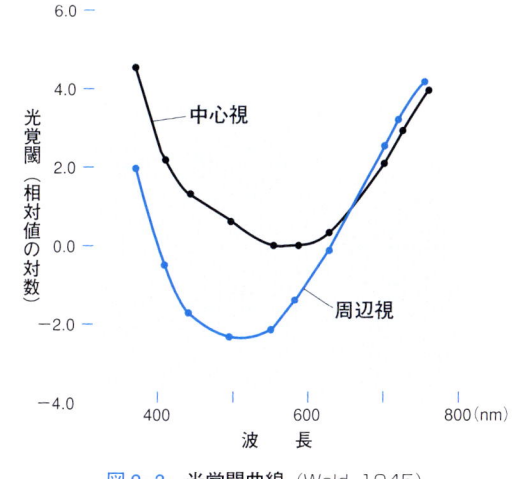

図2-3　光覚閾曲線（Wald, 1945）

感覚の限界

ときに，区別できるための最低限界がある。たとえば非常によく似た色や音の差が区別できる限界，またよく似た強度の感覚を区別できる限界がある。これを**弁別閾**という。観察条件と波長領域によって異なるが，光の色の違いは2～3 nmの波長差に相当する色相の違いが弁別できる場合もある。

● 感覚の強さ（大きさ）

19世紀にウェーバー（Weber, E.）は重さの弁別閾の実験をし，弁別閾値が標準刺激に比例して増大するという事実を見出した（梅本・大山，1994）。たとえば，左右の手のひらにそれぞれ乗せられた10 gと11 gの1 gの重さの違いをやっと弁別できる人は，20 gに対しては2 gの差がある22 gが，30 gに対しては3 gの差がある33 gがやっと区別できるという（1円アルミ貨が1 gであるので，該当個数を用いて簡単に試みられる）。この例の場合，弁別閾は常に標準刺激の10分の1である。このように弁別閾（ΔI）が標準刺激（I）に対する比率が一定（$\Delta I/I = C$）という関係がなり立つ。これが感覚の強さの弁別に関する**ウェーバーの法則**（Weber's law）である。この法則は種々の感覚で近似的に成立するが，定数Cの値は感覚により，比較条件により，また個人により異なる。また標準刺激の値が大きく変化するとこの法則が成り立たない場合もある。またこの法則は色相のような感覚の質には適用されない。

このウェーバーの法則に注目したフェヒナー（Fechner, G. T.；p.3 図1-1参照）は，この法則が「刺激の一定比率の増大が感覚の一定の増加に対応する」ことを示すと考え，これを数学的に発展させて「感覚の強さは刺激強度の対数に比例して増大する」と

刺激の値。例：音の等ラウドネス曲線；図2-4，p.43 Topic）である。測定値はmm（ミリメートル）やg（グラム）などの物理的単位で表される。

　測定方法としては実験協力者が自由に刺激強度を増減して調整する調整法（調整の出発点は，実験者が明らかに高い刺激値と低い刺激値をランダムに決めて同数回ずつ交互またはランダム順に実験協力者に与える），実験者が刺激強度を細かいステップで系列的に上昇または下降させる極限法（上昇・下降系列を交互に行う），数段階の刺激強度をランダム順に多数回反復提示する恒常法がある。最近では極限法の変形である上下法が聴力測定などに広く使われる（大山・今井・和気，1994；大山・岩脇・宮埜，2005）。

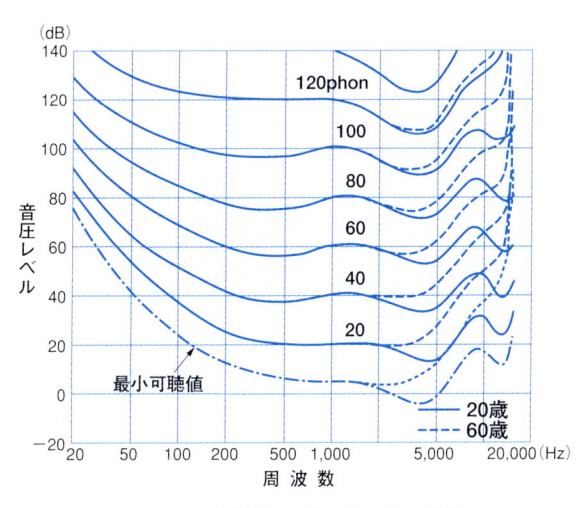

図2-4　可聴範囲と等ラウドネス曲線
（Robinson & Dadson, 1957）

いうフェヒナーの法則（Fechner's law）を1860年に提唱した（図2-5参照）。この法則に従えば，たとえば刺激の強度を1，2，4，8，16……のように等比数列的に上昇させると，感覚の強さは等しいステップで等差数列的に上昇することになる。しかし，このフェヒナーの法則は経験的法則というよりも仮説であり，その一般性については疑問がある（p.46 Topic 参照）。

感覚の順応

　暗い室内から急に外に出ると始めは非常に明るくまぶしく感じられるが，次第に慣れてくる。色つきのサングラスをかけたときは外界がその色に色づいて見えるが，次第に普通に見えてくる。ところがサングラスをはずしたときには，しばらく外界がサングラスの色の反対色（補色）に見える。また甘いケーキを食べた後では飲み物の甘みを感じにくくなる。風呂に入ったときは湯が熱く感じても次第に気にならなくなる。カレーライスの店に入ったときはカレーの匂いが強烈であるが次第に気にならなくなる。これらの例のように，長い間同じ刺激を受けていたり，短期間でも強い刺激を受けると，刺激閾が上がって感覚が鈍くなる。これを感覚の順応（adaptation）と呼ぶ。

　感覚の順応の過程は，刺激閾の変化で調べることができる。しかし，刺激閾の上昇は，順応した刺激強度が感じられなくなるところまで進んで，それ以上は進まない。順応刺激を取り除けば，比較的短時間に回復する。図2-6の3本の曲線はそれぞれ，5％，10％，15％の3種の濃度の食塩水を用いた場合の味覚の順応と回復の過程を示している。横軸が時間経過を，縦軸が刺激閾の値を示す。たとえば一番上の曲線は15％溶液に対する結果を示す。

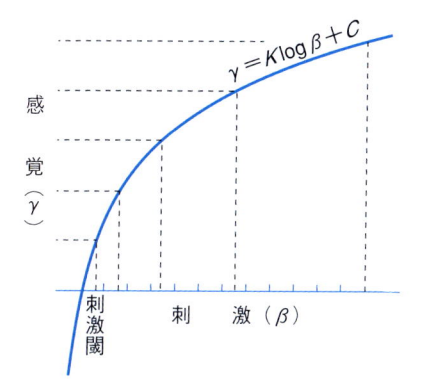

図 2-5 フェヒナーの法則
γ が感覚の大きさ，β が刺激の強度，K が定数を示す。

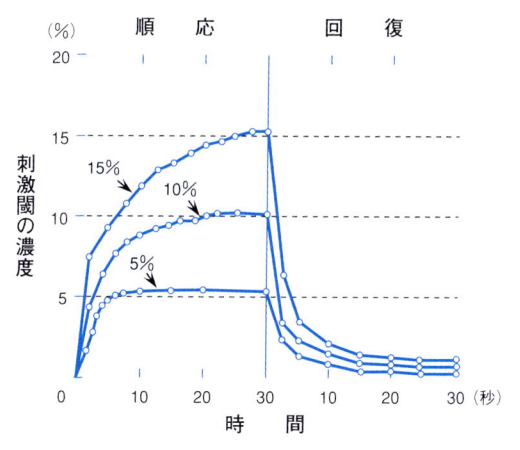

図 2-6 食塩水に対する味覚の順応と回復（Pfaffmann, 1951）

その15％溶液で舌をひたしていると、次第に刺激閾が上昇して、30分後には刺激閾は濃度15％以上にも達する。すなわち舌をひたした溶液の塩からさをまったく感じなくなるまで塩からさに対する感度が鈍くなる。しかし次に真水で舌を洗えば短時間で順応は回復して、刺激閾は元に戻る（図の右半分は順応の回復過程を示す）。他の2本の曲線はそれぞれ10％溶液、5％溶液に対する順応と回復の過程を示す。15％溶液の場合より順応の上限が低く、早くその上限に達することが分かる。

　明るさに対する順応を明順応と呼ぶ、これは明るさ感覚が次第に鈍感になっていくので、上述の意味での感覚の順応である。他方、明るいところから暗いところに移動して次第に暗さに慣れて視感度が増して視覚の閾値が下降していく過程を暗順応と呼ぶ（この過程は上記の意味では順応からの回復の過程に相当するが習慣的に暗順応と呼ぶ）。暗順応は図2-7に示すように30分以上にもわたって徐々に進行し、網膜周辺部では閾値が1,000分の1にも下がる。暗順応曲線が2つの部分に分かれているのは網膜中の錐体と桿体の2種の視細胞の機能を示している。暗順応の初期には錐体の機能が優勢でその刺激閾が現れ、その後錐体の刺激閾の下限に達し、次に桿体の刺激閾の曲線が現れる。網膜周辺部にいくほど桿体の機能が明確となる。一般に明順応は比較的速く起こるが、暗順応は時間がかかる。昼間に高速道路のトンネルに車で入るときには、明順応から急に暗順応に変わるので、ドライバーはトンネル内部が見えにくい。そのためトンネルの入口付近は照明を明るくしてあり、奥に入るほど次第に照明を下げてある。これを緩衝照明と呼ぶ。ドライバーの目の暗順応を配慮した照明設計である。また出口近くも照明を明るくしている。トンネルを

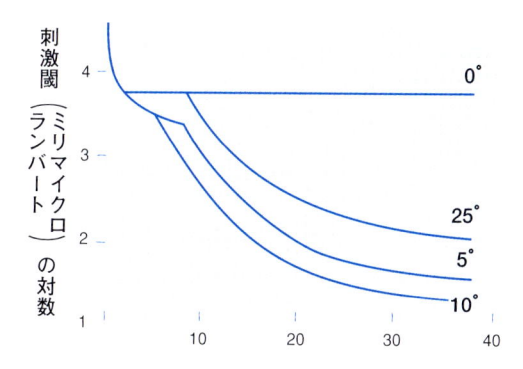

刺激閾（ミリマイクロランバート）の対数

図2-7 網膜の種々の位置で測った暗順応曲線 (Hecht et al., 1935)

出たときにドライバーが外界の明るさをまぶしく感じないようにする配慮である。ただし明順応は比較的速いので，出口前の緩衝照明は入口に比べて短い範囲である。

　明るさ，色，温・冷覚の順応は左右の目，左右の手に別々に生じる。片目に眼帯をかけたときや，片手だけ温水または冷水につけたときに，それが体験できる。たとえば3つの容器を用意して，温水，冷水，常温水を入れておき，右手を温水，左手を冷水にしばらくつけておいてから，両手を常温の水に入れると，同じ水なのに右手には冷たく，左手には温かく感じる。この事実から順応が比較的末梢で生じていることが分かる。

● 感覚の対比

　強度の異なった2つの刺激が，同時または継時的に提示されると，それらの感覚の大きさの差が強調されて感じられることがある。たとえば図2-8の左右の灰色の円は本来同じ灰色なのに，白の背景に囲まれた場合は黒の背景に囲まれた場合よりも暗く感じられる。これが**明るさの対比**（brightness contrast）である。また同じ灰色部分を色のついた背景の上に置くと，背景と反対の色に薄く色づいて見える。赤に囲まれると灰色部分が淡く緑に色づいて見える。また青の背景に囲まれる少し黄色に色づいて見える。これが**色の対比**（color contrast）である。ともに背景との差異が強調されるのである。これらは視覚のみならずさまざまな感覚で生じる。一般に対比は2刺激間の差が大きいほど，また時間・空間的に近接しているほど大きく生じる。

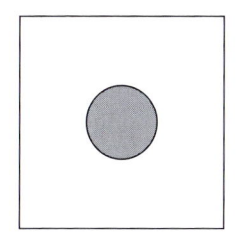

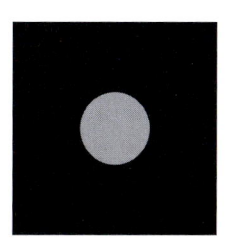

図2-8　明るさの対比

図2-9　粗い網点のフェヒナーの肖像

感覚の加重

　ごく短時間の間，瞬間的に提示される光は，その物理的強度ほどには強い光に感じない。10分の1秒以下の間の提示であると，I（強度）$\times T$（時間）の総量に対応した光の強さに感じる。このような傾向を**時間的加重**（temporal summation）という。これは視覚だけでなく聴覚などでも認められる（大山・今井・和気，1994）。また蛍光灯の光のように断続的に提示される光は融合して，連続した光のように感じられる。その際に感じる光の強さは提示される光の強度の時間的平均に対応する。その際に点滅光が融合して感じられる点滅頻度の限界を**臨界ちらつき頻度**（**CFF**；critical flicker frequency）と呼ぶ。CFFは光に強度に応じて10 Hz程度から50 Hz程度まで変化する。

　また遠方の星の大きさは区別がつかず，光の明るさしか区別されない。明るく見える星が必ずしも光の強度が大きいのでなく，大きさ（視角）が大きい場合もある。網膜上にごく小さい映像を与える光刺激は，その刺激強度（I）と網膜上の面積（A）を掛け合わせた$I \times A$に応じた明るさに感じられる。やや大きい映像では，面積に正比例しなくても，面積の増加とともに明るさが大となる傾向がある。この傾向を感覚の**空間的加重**（spatial summation）という。点描画や網点写真（p.41 図2-9参照）は小点の大きさや密度で明るさを表している点で空間的加重の応用といえる。これは視覚だけでなく皮膚感覚などでも認められる（大山・今井・和気，1994）。

Topic デシベルとフォン

われわれは聴覚によって極めて小さい音から大きな音までを聞くことができる。その上限（刺激頂）の音圧は下限（刺激閾）の100万倍にも達する。またフェヒナーの法則（p.36参照）で示されるように，感覚としての音の大きさは刺激の物理的音圧に比例せず，むしろその数値の桁数に比例する。この点から音圧を圧力の単位であるパスカル（Pa）で表示することは実際的でない。そこで考え出されたのがデシベル（dB）という単位である。電話の発明者ベル（Bell, A. G.）に由来する単位で，基準となる音の強度と比較の音の強度の比の対数をベル（B）と名づけ，その10分の1をデシベル（dB）と呼ぶ。音の物理的強度は音圧の2乗に比例するので，音圧比で表すとデシベル値はその対数の20倍となる。通常20 μPa（マイクロパスカル）を基準値として用いる（音圧レベル）。この基準値は1,000 Hzの純音の最小可聴値（聴覚の刺激閾）に近似する。

また音の強度（音圧）が等しくても，耳の中での音の物理的伝導特性と感覚特性の影響のため，周波数によって音の大きさ（ラウドネス；loudness）は違って聞こえる。物理的に同じ強度の音でも，周波数が1,000 Hz（ヘルツ）付近の音は大きく，50 Hzのように周波数の低い音や10,000 Hzのように周波数の高い音は小さく聞こえる。ある一定の強度の1,000 Hzの音を基準にして，たとえば50 Hzの音をそれと同じ大きさに聞こえるように強度を調整した場合，その際の50 Hz音の強度は基準音の主観的等価点である（p.33 Topic参照）。種々の周波数の音に関して，各段階の強度の1,000 Hz音に対する主観的等価点を多数の実験協力者において求めて曲線で結んだものを等ラウドネス曲線という（p.35 図2-4参照）。ある周波数の音と等しいラウドネスの1,000 Hz音のデシベル値をフォン（phon）と呼ぶ。たとえば40 dBの1,000 Hzの純音と等しいラウドネスの音は40フォンの大きさを持つ。図2-4の等ラウドネス曲線はフォンの値が等しい種々の周波数の音の強度を曲線でつないだものである。

参考図書

大山　正（1994）．色彩心理学入門——ニュートンとゲーテの流れを追って——　中公新書1169　中央公論社

　色覚の基礎から色彩と感情との関係まで歴史的な発展をたどりながら初学者向けに解説してある。

重野　純（2003）．音の世界の心理学　ナカニシヤ出版

　音の物理的性質から聴覚の基礎，音，音楽，音声の知覚と認知まで分かりやすく解説している。

東山篤規・宮岡　徹・谷口俊治・佐藤愛子（2000）．触覚と痛み　ブレーン出版

　触覚と痛みについて詳しく解説した類書のない貴重な図書。

ミュラー，C. G.　田中良久（訳）（1966）．現代心理学入門6　感覚心理学　岩波書店

　小冊子ながら五感すべてにわたり心理学的問題を解説した信頼おけるテキスト。

梅本堯夫・大山　正（編著）（1994）．心理学史への招待——現代心理学の背景——　サイエンス社

　感覚・知覚研究と精神物理学の歴史について記されている。

難波精一郎（1984）．聴覚ハンドブック　ナカニシヤ出版

　聴覚に関する基礎事実や用語の定義，研究方法から重要な研究成果までを丁寧に解説したハンドブック。

大山　正・今井省吾・和気典二（編著）（1994）．新編感覚・知覚心理学ハンドブック　誠信書房

　五感に関するすべての問題を個々の研究成果にもとづいて解説した大部な専門書。

大山　正・齋藤美穂（編著）（2009）．色彩学入門——色と感性の心理——　東京大学出版会

　色覚と色彩の心理的効果とその応用について，心理学者を中心に物理学，工学，デザイン各方面の専門家が執筆した総合的なテキスト。

Topic　身体部位と触覚の感受性

　われわれの身体の皮膚表面に触れると触覚が生じるが，その感受性は身体部位によって異なる。ワインシュタイン（Weinstein, 1968）はこの事実を極めて組織的に調べた。彼は男女成人48名の身体20カ所における圧覚の刺激閾を精神物理的測定法の極限法により測定した。それぞれの箇所において，さまざまな太さのナイロン製の触毛（初期には動物や人の毛を棒の先端に固定して作られた）で順次軽く触れて，気づくか否かを答えてもらう。太いほうの触毛から順に細くしていく下降系列と細いほうから順次太くして行く上昇系列とそれぞれ3回ずつ行い，気づく限界値の平均から刺激閾を求めた。それぞれの触毛の圧はあらかじめ化学天秤を用いてmg単位で測ってある。その結果では鼻，唇，頬，額で刺激閾がもっとも小さく感受性はもっとも鋭敏であり，腹，背中，肩，指，腕などが中位で，ふくらはぎ，足の裏などの刺激閾がもっとも大きく感受性がもっとも鈍感であった。また同じ身体20カ所において，コンパスの2つの足の先で皮膚を同時に触れて，2点と感じるための最小の間隔（触2点閾）を同様に極限法により求めた。その結果では指，唇，頬で2点閾は小さく鋭敏で，額と足の裏が中位，腹，肩，背中，腕がそれに次ぎ，太もも，ふくらはぎで2点閾はもっとも大きくもっとも鈍感であった（大山・今井・和気，1994；東山ら，2000）。

Topic マグニテュード推定法とスティーヴンスの法則

　フェヒナーの法則（p.36参照）にはさまざまの批判がある。その一つがフェヒナーの法則が感覚のごく小さい差異である弁別閾を媒介とし作成した感覚尺度で，大きな感覚の違いの比較にもとづいていない点である。そこで，もっと大きい感覚の強さを比較する方法を用いて感覚の尺度を作ったのがスティーヴンス（Stevens, S. S.）である。彼は感覚の大きさを，それを感じている人に直接に数値で表現してもらう方法を用いた。たとえば，実験協力者に，この明るさは「7」であるとか，この痛さは「15」であるとかと答えてもらう方法である。きわめて主観的であり，信頼置けるか疑問に思う人が多く，長らく正式に心理学実験に用いられなかったが，スティーヴンスがこの方法を用いて組織的な研究をした結果，その安定性が認められ，**マグニテュード推定法**（magnitude estimation）と名づけられ広く用いられるようになった（相場，1970）。通常は標準となる刺激（モデュラス；modulusと呼ばれる）を与え，それを「10」としたときに，他の刺激はいくつかに相当するかを数値で答えることを求める。彼が種々の感覚に対してこの方法を適用したところ，多くの感覚で$\psi = kI^b$のような，べき関数が成立した。

　ここでψは感覚の大きさ，kは定数，Iが刺激の強度，bがべき指数の値である。感覚の大きさ（ψ）が刺激強度（I）のb乗に比例して増大することを意味する。これは**スティーヴンスの法則**（Stevens' law）と呼ばれる。bの値は感覚によって異なり，たとえば明るさでは0.33，音の大きさでは0.67，直線の長さでは1.1，

重さでは1.45,電気ショックでは3.5などの値が報告されている(Stevens, 1962；相場，1970)。図2-10のように，べき指数が1より小さければ，刺激強度増大に伴い勾配が次第に緩やかになる曲線を描くが，べき指数が1より大きいと勾配が次第に急になる曲線を描く。

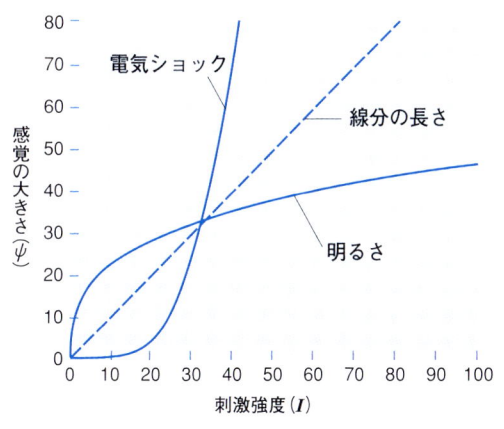

図2-10 スティーヴンスの法則 (Stevens, 1962)

知　　覚

　一般に知覚（perception）という言葉は，われわれの感覚的経験の中で，まとまった対象や事物について知る経験を指す。われわれが目を開けば，窓の外には近くの家や木や自動車や人々が見え，家の中には種々の家具や家族の姿や本や文字が見え，それらの空間的位置関係を知ることができる。また耳には声や音楽が聞こえる。また手で触ることによって物の形や性質や位置を知ることもできる。このようなまとまったものに関する視覚や聴覚や触覚の経験を知覚という。本章では視覚を例にとり，知覚について述べる。

図 と 地

　濃い霧に囲まれたときも，雲一つない青空も，全面の明るさや色は見えても，何もものが見えない点では真暗闇と変わりない。暗闇や霧の中で何かが見えるには，そこには周囲と違った明るさや色がなければならない。周囲と違った異質の部分があったときに，そこに形やものが見える。これが**図**（figure）と**地**（ground）の分化である。異質な部分が図となり周囲が地となる。

　この図と地の分化はルビン（Rubin, 1921）によって提案された概念である。彼によると，① 図になった部分は形を持つが，地は形を持たない。② 図と地を分けている境界線は常に図に属する。③ 地は図の背後まで広がっているように感じられる。④ 図は物の性格を持ち，地は材料の性格を持つ。⑤ 図は地よりも構造化され個性的である。⑥ 図におけるほうが，面が硬く，密で，定位が明確である。⑦ 多くの場合，図は地よりも前方に定位する。⑧ 図は地よりも迫力的で，意識の中心となりやすい。

　図3-1(a)上図をつづけて観察している間に，白いプロペラ型部分が図となり黒い円盤上に乗っているように見えたり，逆に黒いプロペラ型の図が白い円盤上に乗っているように見えたりする。この図と地の入れ替わりは観察中に観察者の意図と関係なしに突然生じる。図と地の反転が生じると，上記の①〜⑧の性質が一斉に入れ替わる。それまで形を持って前面に見えていた部分が形を失い，後退し，背後にまわる。このような図形を**図―地反転図形**と呼び，図―地知覚の実験に使用される（**Topic**）。

　このような図―地反転図形を用いてなされた実験結果によれば，一般に面積が小さいほど，周囲よりも明るくても暗くてもよいが，その明度差が大きいほど図になりやすい。また青などの寒色より

Topic 図になりやすさに関する実験

大山（Oyama, 1960）は図 3-1(a)上図のような反転図形を用いて図になりやすさの要因を数量的に研究した。中程度の灰色の周囲の中でこの図形を提示し，実験協力者にその中央を注視しながら，どの部分が図に見えるかを観察してもらう。白い部分が図に見えたら右のキーを押し続け，黒い部分が図になったら左のキーを押し続ける。観察している間に図に見える部分が反転したら押すキーを変える。一定時間（たとえば 1 分間）の観察時間中にそれぞれのキーを押していた合計時間を T_w, T_b としたとき，$R = 100 T_w / (T_w + T_b)$ の式で白い部分の図になりやすさが数量的に表示できる。図 3-1(b)の R_w は，扇形の角度を 10°から 110°まで変えたときの白扇形部分の R_w 値の 4 人の実験協力者の平均値の変化過程を図示している。この曲線から，この周囲条件では白領域は黒領域より一般に図になりやすく，また扇形角度が小さいほど（面積が狭いほど）図になりやすいことを示している。白黒の領域の位置を入れ替えて同様の実験を行い，両条件を平均して，α 領域の図になりやすさを示したものが R_α 曲線である。図になりやすさに及ぼす扇形角度（面積）の効果をよく示している。

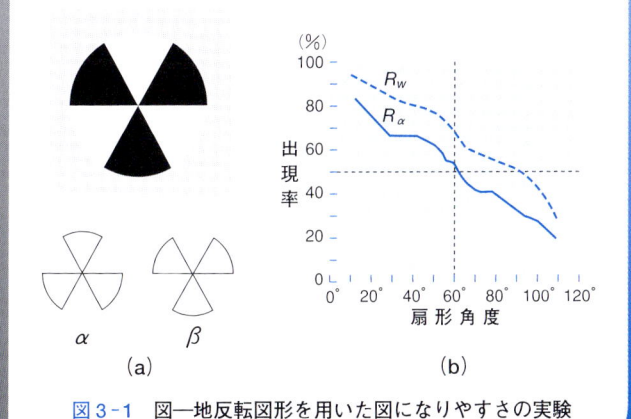

図 3-1　図―地反転図形を用いた図になりやすさの実験 (Oyama, 1960)

赤などの暖色の領域が，斜め方向よりも垂直—水平方向に広がった領域が，不規則な形よりも対称的・規則的な形の領域が図になりやすいことが知られている（大山，2000）。

形の知覚

上述のように図と地が分化した場合，図は形と輪郭線を持つことが特徴である。このように形と輪郭線の知覚は互い密接に関係するが，輪郭線が見えるためには必ずしも物理的に明確な境界線や，色や明るさの変化がなくてもよい。図3-2のように，一様な白い面の上に輪郭線が見えることがある。これが**主観的輪郭線**である（Kanizsa, 1976）。主観的輪郭線が見えるときには，必ず形が見え，図と地の分化が生じている。この主観的輪郭線が生じるメカニズムはまだ十分解明されていないが，図や形や面の知覚の問題と総合的に考察すべきであろう。

円は大きく描いても小さく描いても，赤で描いても青で描いても円に見える。感覚的内容が違っても円という性質は変わらない。これは**移調可能性**として知られる形の性質である。しかし，回転すると形は変わって見える場合が多い。正方形を45°回転すると，ひし形という別な形に見える。日本の地図を回転するとなじみのない地域の地図かと間違う。方向を回転させて2つの形を比較して，同じ形か否か判断させる実験を行うと，回転角度にほぼ比例して，判断時間が長くなる。あたかも頭の中で形のイメージを回転しているようである。これを**心的回転**（mental rotation）という（図3-3）。クーパーら（Cooper & Shepard, 1984）によれば，90°回転するのに約5分の1秒かかるという。

第2章で述べたように，色は日常も赤・青，明暗，濃淡などの

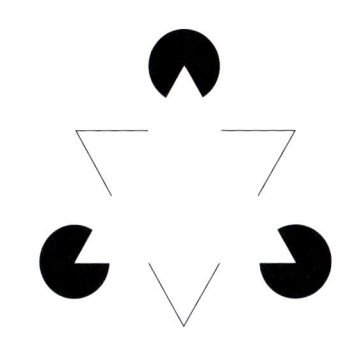

図 3-2 主観的輪郭 (Kanizsa, 1976)

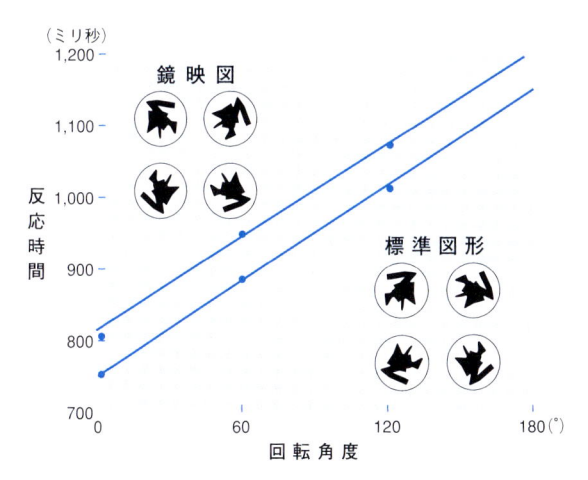

図 3-3 心的回転 (Cooper & Shepard, 1984)
上の直線が鏡映図,下が標準図形の結果を示す。

形の知覚

言葉で表現され,色相・明度・彩度の心理的属性が確立されているが,形の心理的属性はまだ確立されていない。知覚される形を円,四角,対称的などの幾何学的な言葉で表現している。大山ら(Oyama, Miyano, & Yamada, 2003) は図3-4aのように円周を波形状にした形を基本に,波形の周波数,振幅,規則性,曲率を変えて,コンピュータ・プログラムで作成した16の形の間の知覚的類似性を多次元尺度解析法という方法で分析して,複雑性,規則性,曲線性の3次元を見出した。これらの次元は形の知覚の属性と見なすことができる。このうち複雑性は図形の周波数と振幅の両方の幾何学的性質に対応し,規則性と曲線性は,幾何学的なそれらの性質にほぼ対応する。ただし,形の心理的属性はこの3属性に限らず,より多くあることが予想される。

錯　　視

われわれが見ている世界は,客観的物理的世界を忠実に写したものではなく,かなりのずれがある。これは単なる見間違いではなく,注意深く見ても,大きさや,長さや,傾きが,客観的・幾何学的なものと違って見える。このことは19世紀末から研究され,図3-5に示されているような種々の錯視図形が考案され,それぞれの研究者の名前をつけて呼ばれてきた。しかし,このような長年の研究にもかかわらず,まだそのメカニズムは十分解明されていない。これらの錯視(optical illusion)は,錯視図形に限られた特殊な問題ではなく,錯視の量に大小の差はあっても,日常のわれわれの知覚で常に起こっている知覚の歪みを示しているものであり,錯視は単に興味の対象であるだけでなく,一般的な知覚のメカニズムを探る手がかりとなるものである。

図 3-4 コンピュータ・プログラムで作成した形
(Oyama, Miyano, & Yamada, 2003)

図3-5に示された錯視図を大まかに分類すると，大きさや長さを周囲の付加線の大きさや長さに近づけて知覚する同化的傾向（ミュラー・リヤー錯視，デルブーフ錯視など），周囲の大きさや長さとの差を強調して知覚する対比的傾向（ポンゾ錯視，エビングハウス錯視など），2線が交差する角度を過大視する鋭角過大視傾向（ツェルナー錯視，ポッゲンドルフ錯視，ヘーリング錯視など）に分けることができる。

　錯視の研究は特にわが国で古くから盛んであり，小保内（1930），盛永（1933）らが見出した垂直・水平方向よりも斜め方向で鋭角過大視傾向が顕著に現れる錯視の異方性の問題や，小笠原（1952）が見出したデルブーフ（同心円）錯視は絶対的大きさを変化させても内外円の直径比が常に約2：3のときに最大となる傾向などは国際的にも知られている（大山，2000）。

群　化

　夜空の無数の星がいくつかの星座に分かれて見えたり，印刷されたローマ字の列が文字の区切りで単語に分かれて見えたり，日本語の場合は漢字で書かれた単語がひらがな文字部分と分離して読めたりする。視野にあるものはばらばらの多数の色や明るさではなく，木や，家や，人や，自動車などのいくつかのまとまりに分かれて見える。ゲシュタルト心理学の創始者であるウェルトハイマー（Wertheimer, 1923）は，単純な点や線の図形を用いて，それらがばらばらではなく，おのずからまとまって見える**群化**（grouping）の現象を例として，知覚の体制化を規定する要因を探求し，次のような諸要因（または法則）を見出した。これらは**ゲシュタルト要因**（**法則**）とも呼ばれる（Metzger, 1953；盛永，

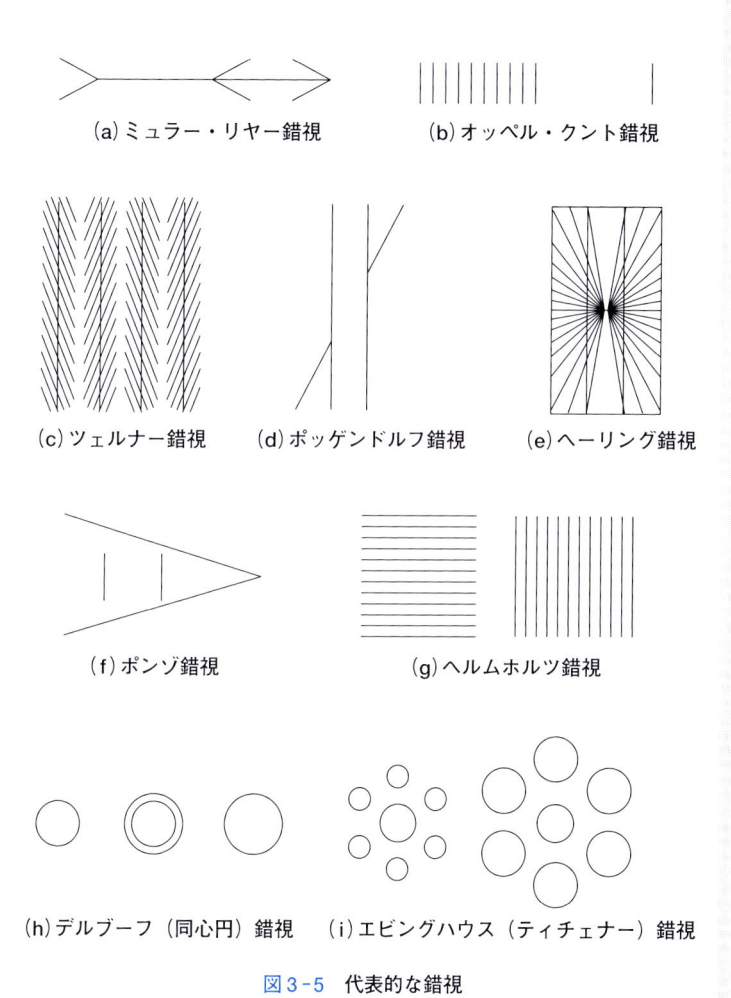

(a) ミュラー・リヤー錯視　　(b) オッペル・クント錯視

(c) ツェルナー錯視　(d) ポッゲンドルフ錯視　(e) ヘーリング錯視

(f) ポンゾ錯視　　(g) ヘルムホルツ錯視

(h) デルブーフ（同心円）錯視　　(i) エビングハウス（ティチェナー）錯視

図3-5　代表的な錯視

群　化

1957)。

1. **近接の要因**：たとえば図3-6(a)のように，他の条件が一定ならば近いもの同士がまとまって見える。

2. **類同の要因**：たとえば図3-6(b)のように，距離間隔などの他の条件一定ならば色，明るさ，形，大きさなどが類似なものがまとまって見える。

3. **閉合の要因**：たとえば図3-6(c)のように他の条件が一定ならば閉じた領域を作るものがまとまりやすい。

4. **なめらかな経過（あるいはよい連続）の要因**：たとえば図3-6(d)のように滑らかな経過，言い換えればよい連続を示す1—4の波形と2—3の直線がそれぞれまとまり，近接していても1—2，3—4はまとまりにくい。

5. **よい形の要因**：たとえば図3-6(e)の右の図は近接と閉合の要因によれば左，中，右の3部分に分かれるはずだが，重なりあった円と四角形に見える。単純で，規則的で，対称的な形にまとまりやすい。

6. **共通運命の要因**：たとえば図3-6(f)のように，静止していれば3個ずつの4群に見えるが，もしこのうちの3，4，5，9，10，11の6個の点だけが同時に同方向に動いた場合には，動いた6点と静止した6点がそれぞれまとまって見える。このように共通の運動や変化をするものがまとまって見えやすい。

7. **客観的構えの要因**：たとえば図3-7(d)では同形同大同色の点が9個並んでいるから，近接，類同の要因ではどのようにまとまるかは決められない。図3-7の(a)(b)(c)(d)の順に提示すると1—2，3—4，5—6，7—8のまとまりが生じやすく，(g)(f)(e)(d)の順に提示すると，2—3，4—5，6—7，8—9のまとま

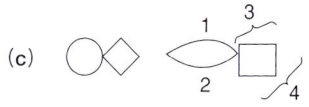

図3-6 群化の諸要因 (Wertheimer, 1923)

図3-7 客観的構えの要因 (Wertheimer, 1923)

群化

りが生じやすい。このように客観的な提示順序などから生まれた観察者の構えでまとまり方が決まる場合もある。

8. **過去経験の要因**：たとえば図3-8(a)の書き文字はローマ字を学んだ者には"juni"と読めて，けっして図3-8(b)のようにはまとまらない。かな文字の草書体なども，慣れた者には読めるが，慣れない者には文字ごとに分けて読みづらい。ただしこの過去経験の要因は1～7の要因に比べて比較的弱いものとされている。

　これらの要因については，群化を始めとする多くの知覚現象の重要な規定要因として多くの教科書に繰返し記述されてきたが，多くの場合それらの諸要因は並列的に列挙されていて，それらの影響力の相対的比較や量的測定に乏しかった（p.72 Topic参照）。

遠近感

　目の網膜に投射される映像は2次元的であるにもかかわらず，われわれは3次元空間を知覚する。平面的な網膜像がなぜ遠近感を生じさせるのかは昔から問題とされてきた。目が2つあり6cmあまり左右に離れているので，左右の目にわずかに違った映像が投射されていること（両眼視差）（図3-9）が注目されて，19世紀に左右の目に少し視点が異なった写真や図を提示して立体感を生じさせるステレオスコープが開発された（Boring, 1942）。偏光メガネをかけて見る現代の3D映画などはその発展である。しかし両眼視差はその幾何学的性質上，遠距離になると観察者からの距離の2乗に反比例して急速に減少することが知られている（大山，2000）。

　運動対象の映像では，近くの対象は速く，遠方の対象は遅く移動する（運動視差；図3-10）。遠景ではこの運動視差のほうが両

(a) *juni*

(b) *ji ur u*

図 3-8 過去経験の要因 (Wertheimer, 1923)

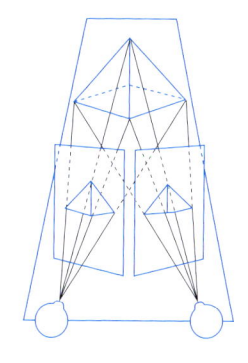

図 3-9 両眼視差 (Gibson, 1950)

図 3-10 単眼運動視差 (Gibson, 1950)

眼視差よりも遠近感の手がかりとして有効である。運動視差は運動対象または観察者の速度に比例して増大するから，高速化するほど重要になる。飛行機のパイロットの奥行き知覚に関連して研究された（Gibson, 1950）。その後，図3-10に矢印で示されているような観察者または対象の運動に伴う多くの映像の流れは**オプティカル・フロー**とも呼ばれるようになった。

このほか遠近感の手がかりとされているものには，網膜像のピントを合わせるため目のレンズである水晶体のふくらみを毛様体筋で変化させる**調節**（図3-11），注目する対象の遠近に応じて両眼の視線の交わりを変化させる**輻輳**（図3-12）などのような生理的過程が明確な手がかりがあるが，その遠近感への有効性は近距離に限定されている。

遠近感の絵画表現にも広く用いられる**線遠近法**（透視画法）（図3-13(a)）は強力な奥行き知覚の手がかりでもある。奥行き方向に伸びる道路，線路，建物の輪郭の映像は一点に集束し，それらの道路や建物の横幅，電柱や窓の高さなどは遠景になるほど短縮する。その際，電柱の前後の間隔，窓の幅，間隔などは高さよりもさらに急速に縮小する。その他，**網膜像の大きさ**（図中(b)のように大きいものほど近くに見える），**大気遠近法**（図中(c)のように明暗の差が少ないものは遠くに見える），**重なり合い**（図中(d)のように重なり合って隠しているものは近く，隠されているものが遠くに見える），**テクスチャの勾配**（図中(e)のよう地面などに分布している区画，樹木や砂利などの映像が小さく緻密になるほど遠く見える），**陰影**（事物の下部に陰があると突出して見え，事物の上部に影があるとへこんで見える）などがある。これらは絵画や写真だけでなく，日常生活における遠近

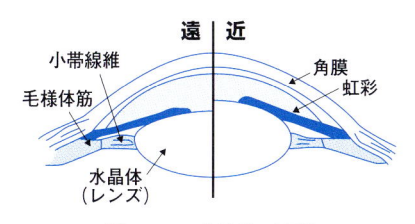

図 3-11　水晶体の調節

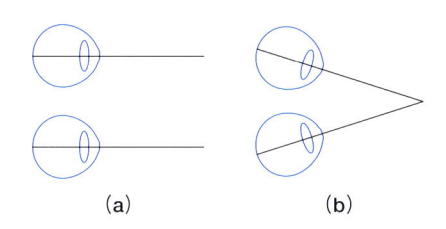

図 3-12　両眼の視線のなす角度（輻輳角）

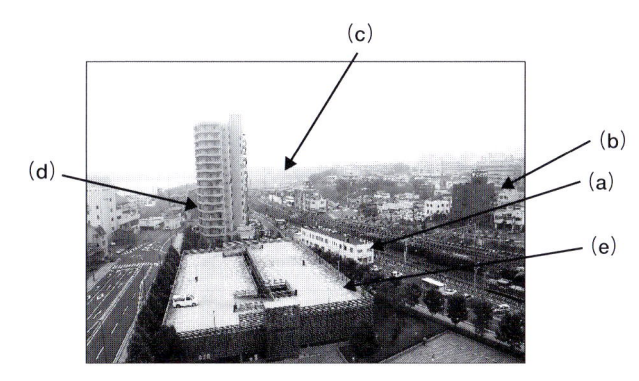

図 3-13　奥行き知覚の手がかり（眞邊一近氏撮影）
(a)線遠近法，(b)網膜像の大きさ，(c)大気遠近法，(d)重なり合い，(e)テクスチャの勾配。

感の手がかりとして大いに役立っている。

🔵 大きさの恒常性

　網膜像の大きさは観察距離に反比例して減少するが，われわれが頭の中で感じる知覚では，遠方の対象は網膜像が小さくても実際の大きさに近づいて感じる。これは**大きさの恒常性**（size constancy）の現象である（大山，2000）。遠方にあるものの網膜像は，距離に反比例して小さくなるが（図3-14），われわれの感じる大きさはそれほど小さくならない。遠方の人物が小さい人に見えるようなことはない。近くの人物とほぼ同じ大きさに見える。これが大きさの恒常性である。その点では，網膜像どおりに，遠くのものを距離に反比例して小さく描く透視画法にとらわれず，遠景の大きさを頭で感じる大きさに描く東洋画の伝統やセザンヌの技法は人の知覚の特性をよく反映している。

🔵 運動の知覚

　動きの知覚は生物にとって敵や仲間や餌の存在を知るための重要な手がかりである。人間も例外ではない。**運動の知覚**の生理機構は色の感覚の生理機構や形の知覚の生理機構と別個に存在することが知られている（田中，1994）。時には，動くものの色や形が知覚されなくても，何かが動いたと感じることがあるのはそのためであろう。瞬間・瞬間の映像の色や形が正確に知覚されなくても，動きは知覚できる。後述の仮現運動研究において「純粋ファイ」と呼ばれる現象はその例である。

　さらに動きがあっても，無生物の動きと生物の動きとでは異なる。動きは対象が無生物か生物かを区別する重要な手がかりであ

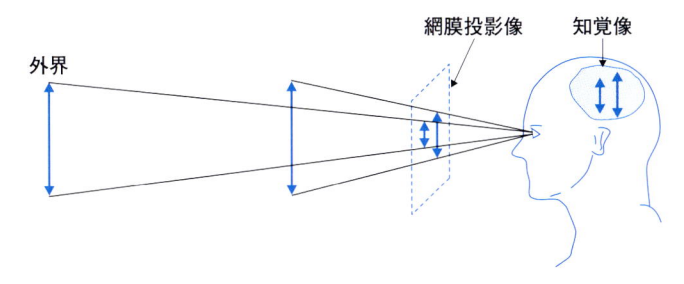

図3-14 大きさの恒常性（大山, 2005）

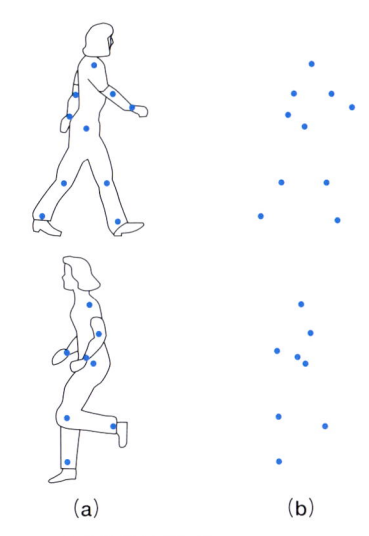

(a) (b)

図3-15 生物学的運動知覚（Johansson, 1973）

運動の知覚

る。ヨハンソンは，p.65の図3-15のように動く人の身体の関節部分に光点をつけて撮影した映画を用いて，暗黒中の数個の光点の動きから人の動きが生き生きと知覚されることを見事に示した（Johansson, 1973, 1975；大山，2000）。

　物理的には動いていても，時計の時針や分針のようにその動きがあまりに遅いと，運動は知覚できない。運動の知覚が生じるためには，ある最低の速度以上の速度で対象が運動していなければならない。その最低の速度を**運動速度の刺激閾**という。この値は，さまざまな要因によって影響されるが，十分に構造化された視野の中で，観察時間が長く，照明も明るければ，毎秒視角1分以下になる（Leibowitz, 1955）。一方，速度があまりに速いときも運動が認められない。言葉どおり「目にも留まらぬ速さ」である。新幹線がすれ違った際には，車窓に映る相手の新幹線の姿は単なる縞模様になってしまう。運動対象が見えるための速度の上限を運動速度の刺激頂といい，毎秒視角約30°の値が報告されている（Oyama, 1970）。

誘導運動

　雲の合間に月が見えているとき，月が動いて見えることがある。天空における月の動きは，その速度がきわめて遅く，前述の運動の速度閾以下で，目には感じられないはずである。しかし雲間の月は，はっきりと流れるように動いて見える。その際，周りの木や建物などと比べて見ると，実は雲のほうが反対方向に動いていることに気づく。雲が風に流されて動いているのに，雲が止まって見えて，雲に囲まれた月が反対方向に動いているように感じられるのである。また駅で止まっている電車に乗っている際に，隣

Topic 形の象徴性

　形と語音の連合について，ゲシュタルト心理学者ケーラー（Köhler, 1929）が興味深い実験について論じている。曲線からなる無意味な形と，直線と鋭角からなる無意味な形を見せて，それらに"maluma"と"takete"という無意味な語を当てはめさせると，その結果は人々の間で非常によく一致した。多くの人は曲線形には"maluma"，直線形には"takete"を選んだ。丸い形が穏やかな印象を与え，角張った形が緊張感を起こす。筆者らがかつてさらに多くの形を用いて調べたところ，複雑な形が動的で，簡単な形が静的であり，規則的な形がよく，不規則な形が悪い印象を与えることが示された（Oyama & Haga, 1963；大山，2000）。

　大山・岩脇・鎌田（2003）は，p.55の図3-4に示した16の形を用いて形の象徴性の文化間比較研究を行った。10の単語それぞれを表すのにもっとも適した形を，日・台・韓・米・豪・伊・独・セルビア・スロバキアの9地域の大学生に16の図形から選んでもらった。その結果は，文化と言語を超えて非常に共通していた。たとえば，多くの地域で「幸福」には基本形の5周期または20周期の波形円（a, m），「怒り」「破壊」「不安」「恐れ」には不規則な多角形（p, o, g, h），「永遠」には5角・20角星形と20周期の波形円（j, n, m）など，「驚き」には規則的で鋭角の20角星形（n, f），「時間」には規則的な20周期の波形円と20角星形（e, f, n），「創作」には比較的単純な不規則曲線形（k）とそれについで規則的な20角星形（n）が選ばれた。

誘導運動　67

の線路に止まっていた別の電車が反対方向に動き出したときに、自分の乗った電車が動き出したと錯覚することがある。これらの見えの運動は**誘導運動**（induced motion）と呼ばれる。運動速度が遅いときに誘導運動が起こりやすく、運動速度が速くなると、誘導運動が生じにくい。また囲んだ対象は、静止した基準となり静止して見え、囲まれた対象に誘導運動が生じやすい（Duncker, 1929；Rock et al., 1980）。

仮現運動

静止した映像を適当な間隔で次々と提示すると、映像が動いて見える。これを見かけの運動という意味で、**仮現運動**（apparent movement）と呼んでいる。パラパラ漫画から、ストロボスコープ（図3-16）、映画、テレビ、アニメーションなどの基礎となっている。実写映画、動画のいずれにせよ、1コマ1コマは、静止した画像にすぎない。それらが適当な間隔で継時的に提示されると、見えの運動が生じるのである。それが仮現運動である。この仮現運動を、心理学の研究の対象として研究したのが、ウェルトハイマーであり、この研究が**ゲシュタルト心理学**の出発の契機となった。

ウェルトハイマーはタキストスコープを用いて、図3-17のような2線分をきわめて短時間ずつ継時的に提示した。その際、継時提示の時間間隔に応じていろいろな見え方をする。時間間隔があまりに短い（約30ミリ秒以下）と**a b**が同時に見える（同時時相）。また時間間隔が長い（約200ミリ秒以上）と**a**が消えてから**b**が出現するように見える（継時時相）。その中間の時間間隔（60〜80ミリ秒程度）で、**a**が**b**のところまでスムーズに動くよ

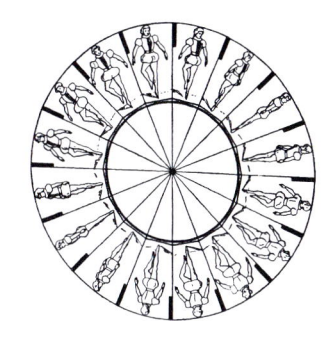

(a) フェナキストスコープ (b) ゾートロープ；1880年ごろ
　　（Boring, 1942）　　　　　　（東京都写真美術館蔵）

図 3-16　種々の形式のストロボスコープ

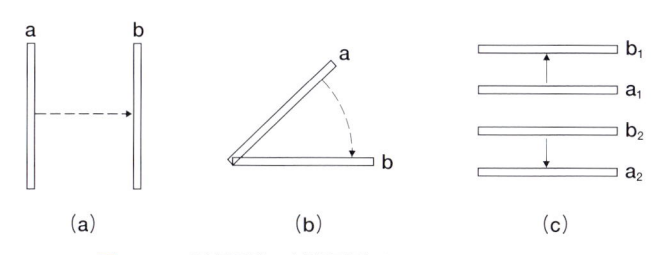

(a)　　　　　　(b)　　　　　　(c)

図 3-17　仮現運動の刺激図形（Wertheimer, 1912）

うに見える（最適時相）。このような見え方が生じる時間間隔は固定的なものでなく，刺激図形，間隔距離，間隔時間，実験協力者によって異なっている。また時間条件によっては，**a b**両方かいずれかが少し動いて感じる2極部分運動，1極部分運動も生じるし，動く対象を見えず運動のみが感じられる純粋ファイと呼ばれる場合もある。この最適時相で感じられる見えの運動が典型的な仮現運動であるが，仮現運動には，このほかいろいろあるので，これをベータ運動（β-movement）と呼んで他と区別する。またファイ現象（ϕ-phenomenon）と呼ばれることもある。

なお仮現運動（β運動）を，眼球運動などで説明しようとする考えが古くからあったが，ウェルトハイマーは，図3-17(c)のように，2つの対象を同時に反対方向に動いて見えるように仮現運動を起させることも可能である事実を示し，眼球運動説を批判している（Wertheimer, 1912；Sekuler, 1996）。

その後，最適運動が出現するための空間・時間・刺激輝度（強度）条件については，組織的に研究され，コルテの法則（Korte's law）として，まとめられている（Kolers, 1972）。これを要約すると次のようになる。①時間間隔が一定ならば，刺激輝度の上昇とともに最適空間距離が増加する。②空間間隔が一定ならば，刺激輝度の上昇とともに最適時間間隔が短縮する。③刺激輝度が一定ならば，空間距離の増加とともに最適時間間隔は増加する。ただし，これらの関係は定性的な関係である。また最適運動が生じる時間間隔には，かなりの幅があることも知られている。また提示時間が長くなると最適運動が生じる刺激間時間間隔（inter-stimulus-interval；ISI）が短くなる傾向が認められ，時間条件を表す指標としては，第1刺激の提示時間とISIを加え

たSOA(stimulus-onset-asynchrony)がもっとも適当であるとされている(Kahneman, 1967；Kolers, 1972)。SOAとは、第1刺激の開始から第2刺激の開始までの時間間隔である。上述のコルテの法則の時間間隔は、このSOAを意味すると解すべきであろう。

参 考 図 書

大山　正(2000). 視覚心理学への招待——見えの世界へのアプローチ——　サイエンス社

　本章の著者が視覚心理学全体を解説した著書で、本章はそのエッセンスをのべた。本書の内容をより詳しく知りたい読者は参照されたい。

石口　彰(2006). キーワード心理学シリーズ1　視覚　新曜社

　最近の視感覚、視知覚に関する30のトピックスについて解説してある。

大山　正・今井省吾・和気典二(編著)(1994). 新編　感覚・知覚心理学ハンドブック　誠信書房

　五感に関するすべての問題を個々の研究成果にもとづいて解説した大部な専門書。視知覚について一番多くのページを割いている。

後藤倬男・田中平八(編)(2005). 錯視の科学ハンドブック　東京大学出版会

　錯視に関する研究成果について組織的に展望した専門的ハンドブック。

Topic 群化における類同の要因の量的測定

　ゲシュタルトの諸要因は相対的比較や量的測定が可能である。たとえば近接の要因と類同の要因の場合，ウェルトハイマー（Wertheimer, 1923）自身がすでに示しているように，図3-18のような刺激布置を用いて，両者の効果が比較できる。図中に4行4列に並んだ小円は上下の間隔が近接しており，近接の要因によって縦4列にまとまって見えることもあるし，左右には同じ色の小円が並んでいるから，類同の要因にもとづき横4行にまとまって見えることもある。この2つのまとまり方のいずれが優勢かによって，近接の要因と類同の要因の効果が比較できる。その際，上下の間隔と左右の間隔の関係を調整すれば，縦のまとまりの傾向と横のまとまりの傾向が均衡した配置が作れる。大山ら（Oyama, Simizu, & Tozawa, 1999）はコンピュータ画面上で図3-18のような上下間隔が一定のまま，左右間隔が実験協力者のキー押し反応により上下法（精神物理学的測定法の一種）に従い変化する刺激配置を用いて，実験的に縦横のまとまりの起こりやすさが均衡するための左右間隔を求めた。

　各刺激対象の色・輝度（明るさ）・形・大きさの類同性を変化させて，このような実験を行った結果では，刺激対象間の明るさや大きさの差が大きいほど，水平の群化と垂直の群化の生起率が均衡するための水平間隔（均衡間隔）が大となった。たとえば大きさシリーズでは，大中，中小の円の組合せよりも大小の円の組合せで，均衡間隔が大となった。また明るさシリーズでは，高中，中低の輝度の円の組合せよりも，高低の輝度の円の組合せのほうが，均衡間隔が大となった。つまり大小，高低など差が大きい組合せになるほど，それに均衡する間隔距離が大に（近接性が低く）なった。色シリーズでは，赤─青間は青─緑間や赤─緑間よ

り均衡間隔が大，したがって差異が大きいことになる。形シリーズでは，円―正三角形の間は円―正方形間および正方形―正三角形間より，均衡間隔が大きく，差が大きい（類似性が低い）ことが示された。

さらに色・輝度・大きさ・形の差を重畳させた刺激を用いて，検討した。その結果では，色だけ，輝度だけという風に1つの属性だけ違う刺激対象の組合せよりも，色も違い明るさも違うというような2つの属性で違う刺激対象の組合せ，さらには，色・明るさ・大きさなどの3属性で違う刺激対象の組合せ，色・明るさ・大きさ・形の4つの属性で異なっている刺激対象の組合せとなるほど，順々に均衡する水平間隔が大となった。すなわち差異のある属性数が増加するほど均衡間隔が増大した。すなわち，色・明るさ・大きさ・形の4属性にわたる差異が，加算的に働き，類似性を下げて，差異を持つ対象間の（垂直方向の）群化の生起を妨害することを示している（大山，2003）。

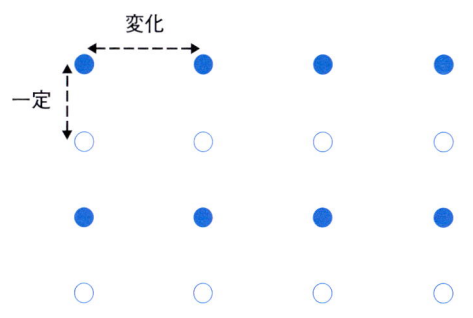

図 3-18 **群化の量的測定実験** (Oyama, Simizu, & Tozawa, 1999)

認　　知

　認知とは，われわれが外界の情報をどのようにとらえ，認識し，評価するか，という一連の過程の総称である。たとえば，われわれは常に大量の情報にさらされているので，その中から必要な情報だけを選んで取り出さなければならない。取り出された情報は，過去に獲得した知識と照らし合わせて解釈される。これらの過程には，意識的にコントロールすることが可能な過程もあれば，無自覚的で自動的な過程もある。さらには，一連の処理過程での失敗も起こりうるだろう。本章では，このような認知のさまざまな過程について学んでいく。

注 意

選択的注意　われわれは非常に多くのさまざまな情報に常にさらされているので、関係のない情報に惑わされずに適切な行動をとるためには、その中から必要な情報のみを取り出して不要な情報を捨てることが不可欠である。これが選択的注意（selective attention）の働きである。騒々しい街中で会話をしていても、周囲の雑音を無視して会話の内容だけに意識を向けることができるのは、このためである（カクテルパーティ現象；cocktail party phenomenon）。

では、情報処理のどの段階で選択的注意が働いているのだろうか。これには2つの仮説がある。一つは、相手の話し声の特徴など物理情報のレベルで取捨選択しているという仮説である（初期選択説；early selection theory）。もう一つは、さまざまな情報を意味のレベルまで処理したうえで重要な情報を選択しているという仮説である（後期選択説；late selection theory）。両耳分離聴を用いた実験からは、このうちの後期選択説を支持する結果が得られている（Topic）。

自動的処理・意識的処理　選択的注意が働くということは、われわれが情報処理に割り当てることのできる処理資源（processing resource）の容量には限界があるということである。たとえば、初心運転者は運転に精一杯で、同乗者との会話を楽しむどころではないだろう。これは、運転するためだけに処理資源がすべて使われてしまい、会話に振り向けるだけの余地がないからである。

しかし、運転に慣れるに従って、運転しながら気軽に会話を楽しめるようになるだろう。これは、運転に熟達するにつれて処理が自動化し、次第に処理資源を必要としなくなるためである。こ

Topic 選択的注意の実験方法 —— 両耳分離聴と追唱法

　注意という内的な過程を実験的に研究するためには，特定の情報にきちんと注意を向けていることを観察可能な行動によって確認する手続きが必要となる。その方法の一つが両耳分離聴（dichotic listening）である（Cherry, 1953）。両耳分離聴とは，ヘッドフォンを装着した実験協力者の左右の耳に別々の情報を流し，片方の耳から聞こえる情報だけに注意を向けてもらうという方法である。協力者には注意を向けている側の耳から聞こえる情報をおうむ返しに繰り返してもらうことで，協力者が正しく注意を向けていることを確認できるよう工夫してある（追唱法；shadowing；図4-1）。

　追唱課題の後で，もう一方の耳に与えられていた情報について尋ねてみると，実験協力者は，注意しなかった側の耳に提示されていた情報はほとんど記憶していなかった。このことは，どちらの耳から聞こえるかを元にして情報を取捨選択しているとも解釈できるので，初期選択説を支持する結果と言えそうである。ところが，注意していない側の耳に実験協力者の名前を提示すると，今度は多くの協力者がそのことに気づいていた（Moray, 1959）。これは，初期選択説ではなく後期選択説を支持する結果である。すなわち選択的注意は，意味レベルまで処理を行ったうえで，無視して良い情報と注意すべき情報とを弁別していると考えられるのである。

……そして，それからジョンは急に向きをかえて……

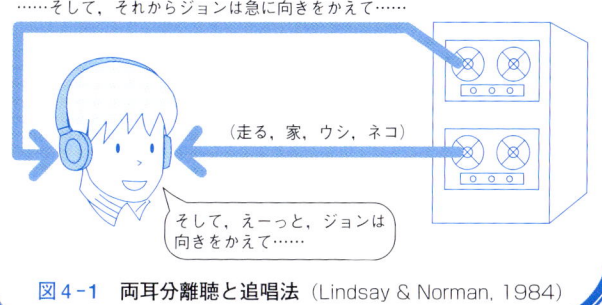

（走る，家，ウシ，ネコ）

そして，えーっと，ジョンは向きをかえて……

図4-1　両耳分離聴と追唱法（Lindsay & Norman, 1984）

のような処理を**自動的処理**（automatic process）と呼ぶ。これに対して、処理資源を必要とする処理を**意識的処理**（conscious process）あるいは**制御的処理**（controlled process）と呼ぶ。高度に自動化した処理は、意識的な注意を払わなくても行うことができる反面、今度は注意を意識的に制御することが困難になる。その代表的な実験方法が**ストループ効果**（Stroop effect）である（Stroop, 1935）。ストループ効果とは、色つきの文字（たとえば、赤色で印刷された「青」の文字）の印刷の色をすばやく音読しようとすると反応時間が著しく長くなるという現象である。この現象は、母語の単語を読むという処理が高度に自動化されているために、文字を無視して印刷の色だけに注意を向けることが困難になっているために生じる現象である。

視覚探索

まちがい探しや複雑な絵の中から特定の人物を探し出す「ウォーリーをさがせ！」などのように、環境の中から特定の対象を探し出すことを**視覚探索**（visual search）と呼ぶ。たとえば、妨害刺激の中からターゲットとなる右下がりの白い長方形を探す場合、図4-2(a)のように妨害刺激が左下がりの白い長方形だけであれば見た瞬間に見つけ出すことができるが（**ポップアウト**；pop-out）、図4-2(b)のように左下がりの白い長方形や右下がりの黒い長方形の中から右下がりの白い長方形を探すとなるとポップアウトせず、意識的に探さないと見つけられない。前者のようにターゲットと妨害刺激の違いが単一の特徴（例：色、方位、形など）だけである場合を**特徴探索**（feature search）と呼び、後者のように複数の特徴の組合せ（例：色と方位など）である場合を**結合探索**（conjunction search）と呼ぶ。

このような、ポップアウトする・しないといった主観的な印象

Topic 外国語使用による思考能力の一時的な低下 ── 外国語副作用

　英語などの外国語を使っていると，日本語使用時に比べて思考が思うように進まずもどかしい思いをした人も多いだろう。これは，外国語を使うことそのものが難しいためではなく，外国語の使用中に一時的に思考力の低下が起こっているためである。すなわち，不慣れな外国語を使うことに処理資源の多くを割かなければならないために，肝心な思考へ回す処理資源が少なくなってしまったのである。これを**外国語副作用**（foreign language side effect）と呼ぶ。

　高野らは，巧みな実験で外国語副作用の存在を証明した（Takano & Noda, 1973）。彼らは，実験協力者に対して，言語課題と，言語をまったく使わない思考課題を同時に行ってもらい，思考課題だけを行った場合に比べてどれくらい成績が低下するかを調べた。その結果，母語で言語課題を行ったときの成績の低下よりも，外国語で言語課題を行ったときのほうが思考課題の成績の低下が著しいことが分かった。思考課題は言葉をまったく使わない課題であるから，思考課題の成績低下は外国語の使用が難しいためではなく，外国語使用によって思考力が一時的に低下しているためだと解釈せざるを得ない。すなわち不慣れな外国語の使用は，思考力そのものを低下させるという副作用をもたらすのである。

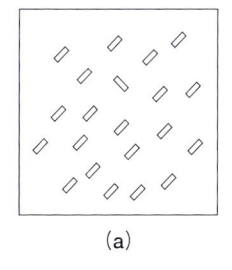

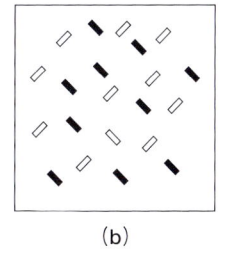

図4-2　ポップアウトする刺激(a)と視覚探索が必要な刺激(b)

を実験的に研究するために，さまざまな数の妨害刺激の中にターゲットがあるかどうかを判断してもらい，そのときの反応時間を測定するという実験が行われている。もしもターゲットがポップアウトすれば妨害刺激の数が増えても判断に要する反応時間は増えないだろうと予測される。他方，探さないと見つけられないとすれば妨害刺激の数が増えるにつれて反応時間は長くなるだろう。実験の結果，特徴探索の場合には妨害刺激の数が増えても反応時間は一定であり，結合探索の場合には妨害刺激の数に比例して反応時間が増加した。この結果は，特徴探索の場合には並列的な探索が行われ，結合探索の場合には逐次的な探索が行われているということを示している。

認知の枠組み

スキーマとスクリプト　われわれの理解や認知には，枠組みとなる情報が不可欠である。たとえばTopicの「風船の話」を読んでみよう。この文章は非常に理解しにくいが，これは一つひとつの文や単語が難解だからではなく，全体として何を言いたいのかがよく分からないためである。そこで，図4-4を見てから改めてこの文章を読んでほしい。今度はすっきりと理解できるだろう。これは，この絵によって文章全体をどのように理解すればよいかという枠組みが与えられたためである。このような枠組みのことを**スキーマ**（schema）と呼ぶ。

スキーマは，認知の際だけではなく，行動の際にも働いている。たとえば，レストランに入って戸惑うことなく行動できるのは，レストランでどのように行動すればよいかという行動の枠組みとなる知識を持っているからである。このような，日常生活におけ

Topic 「風船の話」

「もし風船が割れてしまったら，音は届かないだろう。なぜなら，すべてのものが目的のフロアからあまりにも離れすぎてしまうからだ。また，多くのビルは遮蔽性が良くなっているので，窓が閉まっていたらやはり音は届かない。すべての動作は電流が安定して流れることに依存しているので，電線が途中で切れてしまうことも問題だ。もちろん，この男は大声で叫ぶこともできる。しかし，人間の声はそんな遠くに届くほど大きくはない。楽器の弦が切れる恐れがあることも問題だ。そうなると，メッセージには伴奏がつかなくなってしまう。最善の状況は，距離がずっと近いことであるのは明らかだ。そうすれば問題が発生する可能性は低くなるだろう。顔を合わせて話をすれば，問題などほとんどないだろうに。」

(Bransford & Johnson, 1973)

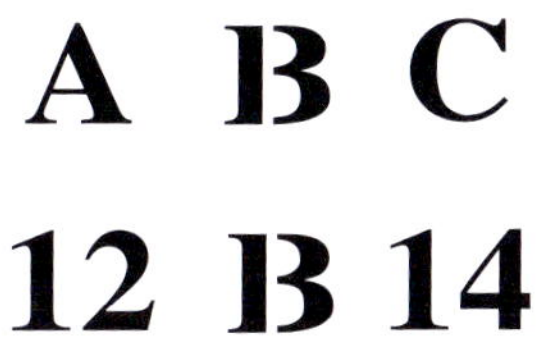

A B C
12 B 14

図4-3 文脈効果

る一連の典型的な行動パタンのスキーマを，とくに**スクリプト**（script）と呼ぶ場合がある。

スキーマの働き ── 理解の方向づけ

われわれが多義的な情報に接した場合には，そのときに用いられたスキーマによって方向づけがなされる。たとえば，図4-3（p.81）の中央の図形はまったく同じ形をしているものの，AとCに挟まれるとアルファベットのBに見えやすく，12と14に挟まれると数字の13に見えやすい（**文脈効果**；context effect）。すなわち，アルファベットの中に置かれているとアルファベットのスキーマによってBだと解釈され，数字の中に置かれていると数字のスキーマによって13だと解釈されるのである。

このような方向づけの働きは，文章理解にも見られる。**Topic**の文章を実験協力者に読んでもらう際，半数の協力者には泥棒の立場で読むように指示し，残りの協力者には不動産屋の立場で読むように指示した。そして，後で文章の内容を思い出してもらったところ，泥棒の立場で読んだ協力者は忍び込むための出入口や高価な品物など泥棒にとって重要な内容を多く思い出し，不動産屋の立場で読んだ協力者は大きな庭があることなど不動産屋にとって重要な内容を多く思い出した。この結果は，文章理解においても，用いたスキーマによって理解が方向づけられることを示している。

スキーマの働き ── 情報を補う

スキーマやスクリプトは認知の枠組みとして働くので，明示的に示されていない情報を補って理解を助けるという働きがある。このような情報の補充が生じるときには，もっとも一般的な情報（デフォルト値）を補充する。

バウアーら（Bower et al., 1979）は，実験協力者に18個の短い

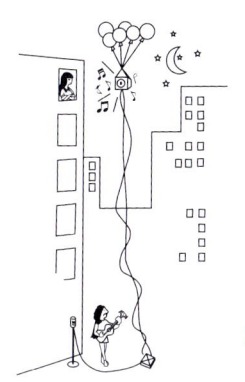

図4-4 「風船の話」の図（Bransford & Johnson, 1973）

Topic　スキーマによる文章理解の方向づけ

　2人の少年は家の前まで走ってきた。「今日は学校をさぼるのにちょうどいいんだよ。母さんは木曜日は留守なんだ」とマークが言った。高い生け垣があって，家が道路から見えないほどだった。2人は手入れの行き届いた庭を横切った。「君の家がこんなに広いなんて思わなかったよ」とピートが言った。「うん，父さんが暖炉を付け足したから，前より良くなったんだよ」とマークが答えた。

　前と裏と脇に入口があって，脇の入口はガレージにつながっていた。ガレージには10段変速の自転車が3台もあった。2人は脇の入口から家に入った。マークによると，妹が母親より早く帰って来ても家に入れるように，脇の入口はいつも開けておくということだった。

　ピートが家の中を見たがったので，マークは居間から案内した。そこは，1階の他の部屋と同様に壁が新しく塗り直されたばかりだった。マークが大きな音でステレオをつけたのでピートは心配したが，「気にしなくてもいいよ。いちばん近い家まで400メートルも離れているから」とマークが大声で答えた。大きな庭ごしに他の家がまったく見えなかったので，ピートは気分が良かった。

　　　（Pichert & Anderson, 1977より，一部を改変して抜粋）

認知の枠組み

文章を読んでもらった（例：「ジョンは具合が悪かったので医者に行くことにした。受付を済ませて雑誌を読みながら待っていると，看護師が呼びに来て服を脱ぐように言った。医者はとても良い人だった。薬を処方してもらい，ジョンは家に帰った」）。そして，後でその内容についての質問（例：「ジョンは服を脱ぎましたか？」）を行ったところ，それが医者のスクリプトと関連した内容であれば，文章中に明示されていなかったにもかかわらず，協力者はその内容を「文章の中にあった」と答えることが多かったのである（上の例では，ジョンは服を脱ぐように言われたとは書いてあるが，服を脱いだとは明示されていない）。この結果は，文章を読む際にスクリプトを利用して明示されていない情報をデフォルト値で補って理解したために，実際には文章中になかった内容をあったと誤解したためだと解釈できる。

スキーマの誤動作 ── アクション・スリップ

スキーマが誤動作すると，時に思わぬ副作用をもたらす。たとえば，「携帯電話のメールを別人に出してしまう」「誤字を消しゴムで消したのに，また同じ誤字を書いてしまう」などといったうっかり間違い（アクション・スリップ；action slip）は，日常よく経験するところである。このようなアクション・スリップが起こるメカニズムとして，ノーマンは，行動スキーマの誤動作によるモデルを提案した（Norman, 1981）。ノーマンのモデルによれば，われわれがある行動を意図するとその行動スキーマが活性化される。行動スキーマは，その行動を成り立たせている一連の下位の行動スキーマから成っており，上位の行動スキーマが活性化すると，より下位の行動スキーマが次々に活性化する。それによって，一連の行動を意図どおりに行うことが可能になるのである（図4-5）。

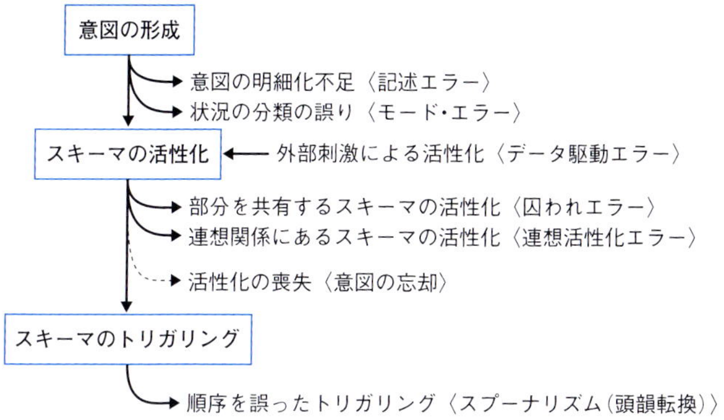

```
意図の形成
    ├→ 意図の明細化不足〈記述エラー〉
    ├→ 状況の分類の誤り〈モード・エラー〉
スキーマの活性化 ←── 外部刺激による活性化〈データ駆動エラー〉
    ├→ 部分を共有するスキーマの活性化〈囚われエラー〉
    ├→ 連想関係にあるスキーマの活性化〈連想活性化エラー〉
    ┆→ 活性化の喪失〈意図の忘却〉
スキーマのトリガリング
    └→ 順序を誤ったトリガリング〈スプーナリズム(頭韻転換)〉
```

図4-5　ノーマン(1981)の行動スキーマモデル (仁平, 1990)

Topic　アクション・スリップの実験的研究 —— 書字スリップ

アクション・スリップは日常の何気ない場面で偶発的に生じるため、人工的に再現して実験的に追究することが困難なテーマの一つである。仁平は、特定の文字を大急ぎでたくさん書かせるという急速反復書字法を用いて、書字スリップの生起メカニズムについての一連の実験研究を行った。たとえば仁平（1984）は「九」の書字スリップとして現れやすい「れ」を何回か書かせた後で「九」の急速反復書字を行わせた（図4-6）。その結果、「れ」を書かせなかった場合に比べて、「九」から「れ」への書字スリップが多くなったのである。これは、「れ」の書字運動プログラムがあらかじめ活性化されたことにより、書字運動プログラムに共通する部分が多い「九」から「れ」への書字スリップが増えたためであると考えられる。

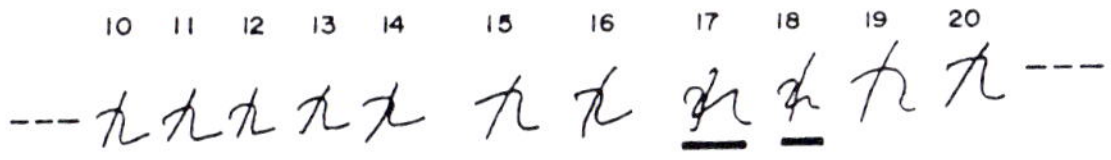

図4-6　仁平（1984）に現れた書字スリップの例
「九」の急速反復書字中に、意図していない「れ」が2回現れている（下線部）。

認知の枠組み

通常は，われわれはこのような行動スキーマが正しく働いているかどうかを正しくモニタリングできているのだが，疲れていたり他の作業に処理資源を奪われたりなどして行動スキーマに対するモニタリングが疎かになると，行動スキーマの活性化が失われてしまったり，別の行動スキーマにすり替わってしまったりする。これが原因となってアクション・スリップが生じるのである。

知識の構造と機能

概念のネットワーク・モデル　　われわれの知識は無秩序に蓄えられているわけではなく，一定の規則に従って構造化されている。コリンズとキリアンは，概念の上下関係によって階層化された意味記憶の**ネットワーク・モデル**（network model）を提案した（Collins & Quillian, 1969；図4-7）。

　このモデルでは，個々の概念はノード（node）と呼ばれる「結び目」に貯蔵されており，それらのノードが意味的な関連の強さに応じて互いにリンクされていると仮定されている。彼らのモデルの特徴は，それぞれの概念がその抽象度に応じて階層化されているという点である。たとえば，「カナリア」は黄色い色をしたさえずる鳥なので，「鳥」というノードの下のレベルに「ダチョウ」などの他の鳥と同列に表象されていると仮定するのである。そして，すべての鳥に共通した性質は「鳥」のノードに，個々の鳥に固有の特徴は個々の鳥のノードに，それぞれ表象されていると考える。このように考えれば，「鳥」全体の属性である，「翼がある」「飛ぶ」などといった情報を個々の鳥のノードすべてで貯蔵する必要がなくなり，情報を冗長に保存する必要がなくなるという利点がある。

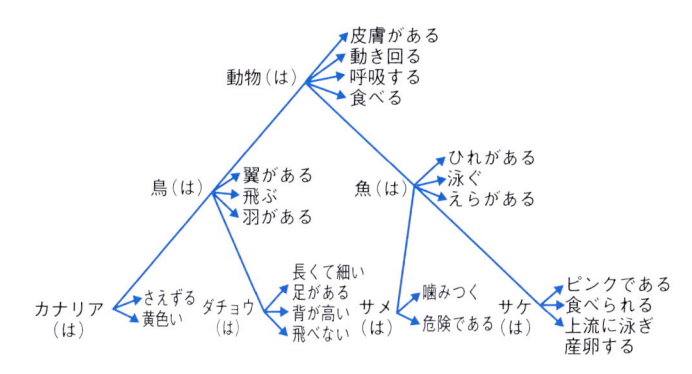

```
                        →皮膚がある
                        →動き回る
              動物(は)   →呼吸する
                        →食べる

                    →翼がある              →ひれがある
         鳥(は)     →飛ぶ      魚(は)     →泳ぐ
                    →羽がある              →えらがある

                  →長くて細い              →ピンクである
      →さえずる    →足がある    →噛みつく   →食べられる
カナリア →黄色い ダチョウ→背が高い サメ →危険である サケ →上流に泳ぎ
 (は)        (は) →飛べない  (は)          (は) →産卵する
```

図 4-7　コリンズとキリアンのネットワーク・モデル
(Collins & Quillian, 1969)

知識の構造と機能

コリンズとキリアン（1969）は，彼らのモデルが心理学的に妥当であるか否かを検討するための実験を行った。彼らは，「カナリアは黄色い」「カナリアは飛ぶ」などといった文を実験協力者に提示し，それらが正しいか否かの判断に要する反応時間を測定した。彼らのモデルによれば，「カナリアは黄色い」という文の真偽を判断するためには「カナリア」の意味記憶ノードを調べれば良いが，「カナリアは飛ぶ」という文の真偽を判断するためには「カナリア」のノードから一段階高い「鳥」のノードに移動しなければならず，その分だけ反応時間が長くなるだろうと予測される。実験の結果，真偽判断のために移動しなければならないノードの数が多いと考えられる文ほど，判断に要する反応時間が長いということが明らかになった（図4-8）。これは，コリンズとキリアンのモデルの妥当性を支持する結果である。

意味プライミング効果　　単語や概念の処理は，関連した意味や概念にも影響を及ぼす。これは，意味プライミング効果（semantic priming effect）と呼ばれる実験によって研究されている。意味プライミング効果の実験では，2つの単語を0.5～1.0秒以内くらいの間に継時的に提示し，2番目の単語の処理に要する反応時間を測定する。最初に提示される刺激はプライム（prime），後から提示される刺激はターゲット（target）と呼ばれる。実験協力者には，ターゲットを素早く声に出して読んでもらったり（音読課題；naming task），ターゲット文字列が単語か非単語かを素早く判断してもらったりする（語彙判断課題；lexical decision task）。そして，「いしゃ」—「かんごし」などのように意味が関連する単語の組を継時提示した場合と，「つくえ」—「かんごし」などのように関連しない単語の組を継時提示した場

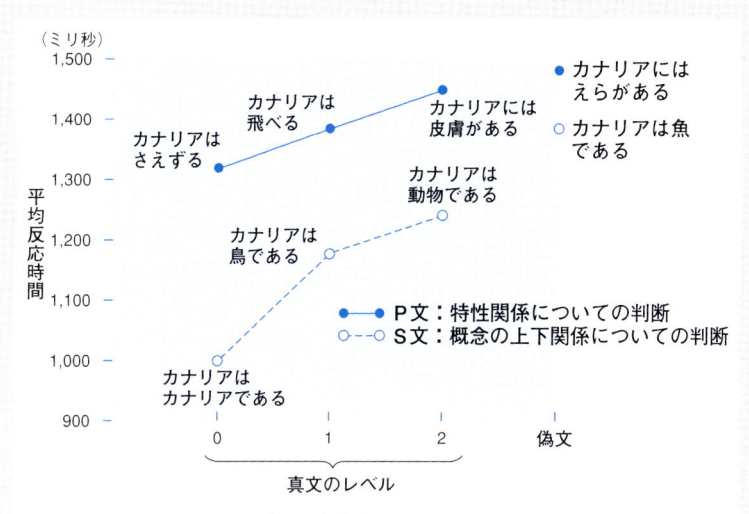

図 4-8 コリンズらの実験結果 (Collins & Quillian, 1969)

コリンズとキリアンのモデルに対する反証

その後の実験では，コリンズとキリアンのモデルでは説明しきれない事実も発見されている。たとえば，カテゴリの典型的な事例（「鳥」カテゴリにおける「カナリア」）に対する反応時間と，それほど典型的ではない事例（「ダチョウ」）に対する反応時間は，コリンズとキリアンのモデルからは同じになると予測されるが，実際には「カナリア」のように典型的な事例に対する反応時間のほうが短くなる。また，彼らのモデルからは，「コリーは哺乳類である」という文は「コリーは動物である」という文よりも判断時間が短くなると予測されるが，実験の結果は逆であった。これらの結果は，人間の意味記憶はコリンズとキリアンのモデルほどには整然としているわけではなく，概念が冗長に表象されているということを示唆している。

合とでターゲットである「かんごし」に対する反応時間を比較すると，前者のほうが後者よりも反応時間が短くなる。これを意味プライミング効果と呼ぶ。意味プライミング効果は，最初に提示された「いしゃ」という単語を処理した際に，意味的に関連する「かんごし」の処理も自動的に行われたために，意味的に関連しない「つくえ」などを先行提示した場合よりも素早く反応できたと解釈できる。

意味記憶ネットワークと活性化拡散　コリンズとロフタス（Collins & Loftus, 1975）は，意味プライミング効果の実験結果を説明するために，コリンズとキリアンのネットワーク・モデルを拡張し，概念の階層構造によってではなく意味的な関連によってリンクされたネットワーク・モデルを提唱した（**意味記憶ネットワーク・モデル**；図4-9）。彼らのモデルでは，意味プライミング効果は次のように説明されている。たとえば「赤」という言葉が提示されると，その意味を貯蔵したノードが活性化されて意味記憶の検索が行われる。このとき同時に，その活性化がリンクを伝わって「赤」と結びつけられたノード，たとえば「バラ」や「火」などへと拡散する（**活性化拡散**；spreading activation）。このため，その直後に「バラ」などの意味的に関連した単語が提示されると，すでに少しだけ活性化水準が上がっているために，その単語の認知に必要な時間が短くてすむ。これが意味プライミング効果となって現れると考えるのである。

空間表象の知識 ── 認知地図　われわれの知識は言語や意味の知識だけに限らない。たとえば自宅の周辺については，実際に空から俯瞰して見たことはなくても，地図と同じような空間的イメージを持っているであろう。このような，言語化できない空間

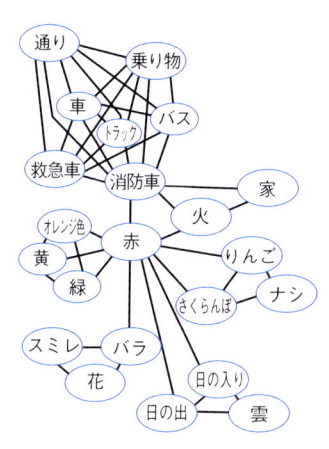

図 4-9　意味記憶ネットワーク・モデル（Collins & Loftus, 1975）

的な配置の知識を認知地図（cognitive map）と呼ぶ。

　認知地図には，実際の地図と異なり，さまざまなバイアスがかかっている。モーアは，イギリス在住者を対象に，イギリスのさまざまな2つの都市がどの方角にどのくらい離れているかを尋ね，それを基にして彼らの認知地図を作成するという研究を行った（Moar, 1978）。その結果が図4-10である。(b)はケンブリッジ在住者の認知地図，(c)はグラスゴー在住者の認知地図である。それぞれの図から明らかなように，(a)の実際のイギリスの地図に比べて，実験協力者たちは自分が住んでいる場所の近くを実際よりも大きく詳しく認知していることが分かる。これに対して，居住地から遠い地方に対する認知は不正確で，実際よりもきわめて狭く表象されている。

　この結果から分かるもう一つの事実は，実際のイギリスは北西から南東の方角へ斜めになっているのに対して，ケンブリッジ在住者もグラスゴー在住者も南北に垂直な認知地図を持っているということである。このようにわれわれの認知地図には，実際は斜めであっても垂直や水平であるかのように認知していたり，東西南北に整然と配置されているかのように認知されていたりといった，単純化のバイアスも生じているのである。

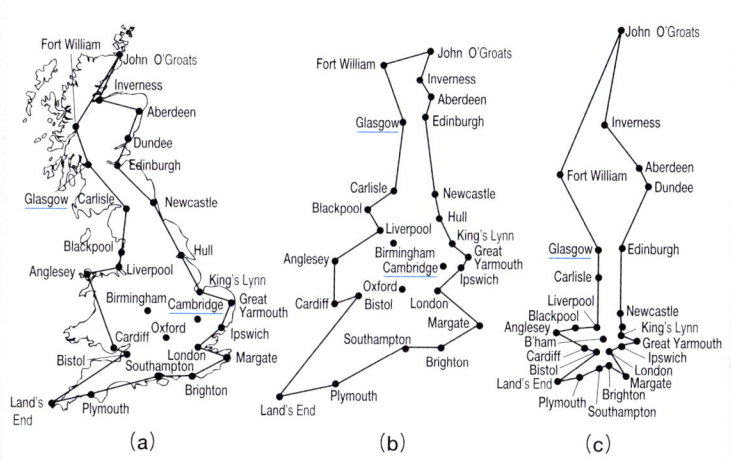

図 4-10　モーア (1978) の認知地図 (Baddeley, 1999)
(a)は実際のイギリスの地図，(b)はケンブリッジ (Cambridge) 在住者の認知地図，(c)はグラスゴー (Glasgow) 在住者の認知地図である。

知識の構造と機能

Topic 自動的な処理と意識的な処理 ── ニーリィの実験

　ニーリィは，意味プライミング効果の実験パラダイムを利用した巧妙な実験によって，自動的な処理と意識的な処理とが生起するメカニズムを明らかにした（Neely, 1977）。彼は，プライムとして「建物」「身体」「鳥」というカテゴリ名を提示し，ターゲットとして「ドア」「心臓」「すずめ」など各カテゴリに属する単語を提示して，実験協力者に語彙判断を求めた。そして「プライムが『鳥』だったときにはターゲットとして鳥の名前が提示されることが多い」（注意シフトなし条件）が，「プライムが『身体』だったときにはターゲットとして建物の一部の名前が提示されることが多い」（注意シフトあり条件）と教示した。すなわち実験協力者は，「身体」というプライムが提示されたら，身体から自動的に連想される「腕」などの単語ではなく，「ドア」など建物カテゴリに属する単語に意識的に注意をシフトさせることになる。この手続きによって，「身体」―「ドア」（予測一致条件）に対してプライミング効果が見られれば意識的な処理が働いたということが分かるし，実験協力者の意識的注意に反して「身体」―「心臓」（予想不一致条件）に対してプライミング効果が見られれば，「身体」と「心臓」の意味的な関連にもとづく自動的な処理が働いた結果だということが分かる。

　そして，プライムとターゲットとの時間間隔を3段階設定して実験を行ったところ，自動的な処理と意識的な処理とでは，生起するタイミングが異なることが明らかになった（図4-11）。注目すべきは，プライムとして「身体」が提示されて建物の一部に意識的に注意を向けたのに，予期に反して身体の一部がターゲットとして提示された「注意シストあり・予測不一致条件」である。

意識的な注意が働いていれば，予期に反したターゲットが提示されたために反応時間は長くなるはずだが，そうなったのは提示時間間隔が700ミリ秒の条件のみであり，250ミリ秒の条件では逆に反応時間が短くなっていたのである。この結果は，実験協力者の意識的な処理はプライム提示後500ミリ秒前後までは立ち上がっておらず，それ以前は自動的に生じる処理だけが生じているということを示している。すなわち，意識的な処理が働き始めるまでにはおおよそ500ミリ秒くらいの時間がかかり，それよりも前には自動的な処理だけが働いているのである。

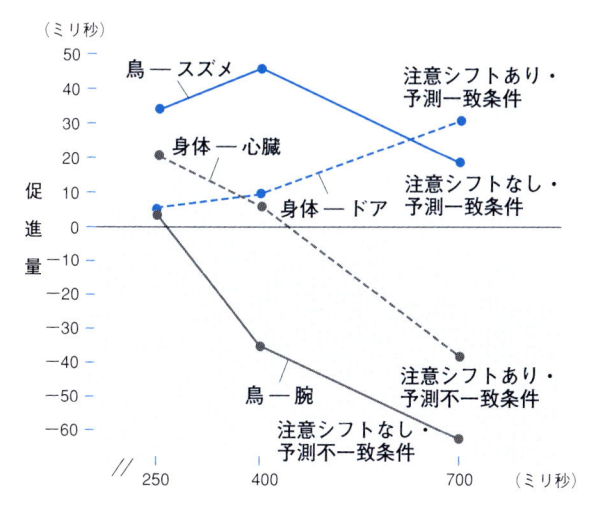

図4-11 ニーリィの実験結果（Neely, 1977に著者が加筆修正）

参考図書

西林克彦（2005）．わかったつもり——読解力がつかない本当の原因
　　——　光文社新書　光文社

　文章理解におけるスキーマの働きを中心に，認知心理学の実験も交えて平易に解説している。

井上　毅・佐藤浩一（編著）（2002）．日常認知の心理学　北大路書房

　アクション・スリップなど，日常場面で働く認知機能についての最新の研究を紹介した本。

森　敏昭（編著）21世紀の認知心理学を創る会（著）（2001）．認知
　　心理学を語る2　おもしろ言語のラボラトリー　北大路書房

　日本の若手認知心理学者たちが言語研究について解説した本。言語に関する最新の認知心理学的研究をやさしく学ぶことができる。

安西祐一郎・苧阪直行・前田敏博・彦坂興秀（1994）．岩波講座　認
　　知科学9　注意と意識　岩波書店

　注意に関する最新の研究を，脳研究の成果も含めて紹介した本。進んで学習したい人に勧められる。

記　　憶

　記憶というと，試験前に必死になって暗記をしたことを思い出し，無味乾燥で機械的なものと感じるかもしれない。しかし，忘れてしまいたいような思い出に苛まれるのも記憶の働きだし，過去の懐かしい思い出に浸るのも，また記憶のなせるわざである。このように考えると，記憶とはわれわれの人生そのものであるとさえ言えるだろう。本章では，実験という手法を通じて心理学が明らかにしてきた記憶の姿について，順に学んでいく。

記憶の枠組み

 記憶には，情報を覚え込む段階，それを保存する段階，必要なときに取り出す段階の3つの段階がある。これらをそれぞれ，記銘（memorization）・保持（retention）・想起（remembering）と呼ぶ。想起に失敗することは忘却（forgetting）と呼ばれる。情報処理心理学では，記銘・保持・想起をそれぞれ符号化（encoding），貯蔵（storage），検索（retrieval）と呼ぶことも多い。

短期記憶と長期記憶

記憶の二重貯蔵モデル　アトキンソンとシフリンは，記憶のモデルとして，短期記憶と長期記憶とからなる図5-1のような記憶の二重貯蔵モデル（two-store memory model）を提唱した（Atkinson & Shiffrin, 1968）。このモデルによれば，われわれの記憶は，一時的に数個程度の情報を保存する短期記憶（short-term memory）と，半永久的に大量の情報を保存する長期記憶（long-term memory）とから構成されるとしている。

短期記憶と長期記憶を分ける根拠 ── 系列位置効果　系列位置効果（serial position effect）の実験は，実験協力者に十数個程度の単語を一つずつ提示して記銘してもらい，後で自由な順序に再生するという方法で行う。記憶の持続時間を調べるために，最後の単語を提示した直後に再生を始める直後再生（immediate recall）と，最後の単語を提示してから30秒程度の遅延時間を置いてから再生を始める遅延再生（delayed recall）との2つの条件を設定する。遅延再生では，遅延時間中に実験協力者が単語を思い出して練習することを防ぐために，妨害課題として暗算課題などを課す（ブラウン=ピーターソン・パラダイム；Brown-Peterson

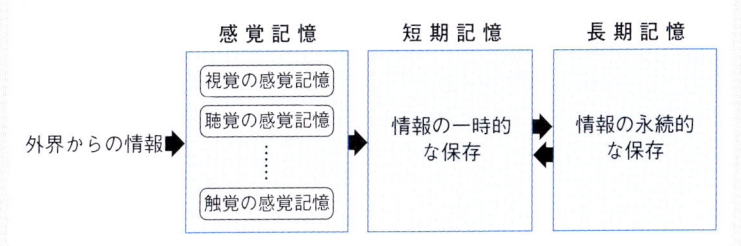

```
感覚記憶                  短期記憶        長期記憶
  ┌─────────────┐
  │ 視覚の感覚記憶 │
  ├─────────────┤
  │ 聴覚の感覚記憶 │      ┌─────────┐    ┌─────────┐
外界からの情報 ▶│    …       │  ▶   │情報の一時的│ ◀▶ │情報の永続的│
  ├─────────────┤      │な保存    │    │な保存    │
  │ 触覚の感覚記憶 │      └─────────┘    └─────────┘
  └─────────────┘
```

図5-1 アトキンソンとシフリンのモデル
(Atkinson & Shiffrin, 1968 を改変)

Topic 記憶の測定方法 —— 再生,再認,再学習

1. 再生(recall):記述式テストのように,記銘した材料を思い出して再現する方法であり,思い出した順に自由に回答する**自由再生**(free recall),記銘した順序通りに再生する**系列再生**(serial recall),与えられた手がかりをもとに再生する**手がかり再生**(cued recall)などがある。

2. 再認(recognition):選択式テストのように,学習した項目と学習しなかった項目とを提示して,どれが学習項目かを指摘する方法である。再認には,項目を1つずつ提示してそれが学習項目かどうかを判断する**単一項目再認**(yes-no recognition)と,学習項目と学習しなかった項目を組にして提示してどれが学習項目かを選ぶ**強制選択再認**(forced-choice recognition)とがある。

3. 再学習(relearning):同じ刺激を2回以上繰返し学習して,学習に要した時間や回数が前に比べてどれだけ減ったかを測定する方法である。再学習の指標としては節約率を用いる。

$$節約率 = \frac{\begin{pmatrix}最初の学習に要\\した時間や回数\end{pmatrix} - \begin{pmatrix}2回目の学習に要\\した時間や回数\end{pmatrix}}{(最初の学習に要した時間や回数)} \times 100$$

paradigm)。そしてその結果を，横軸に各単語が何番目に提示されたか（系列位置）を，縦軸に再生率を，それぞれとってプロットしたものが系列位置曲線（serial position curve）である（図5-2）。

　直後再生では，系列の中ほどの成績はほぼ一定であり，系列の最初と最後の成績が良くなっている（それぞれ，初頭効果（primacy effect）および新近効果（recency effect）と呼ぶ）。これに対して遅延再生では，初頭効果と系列中ほどの結果は直後再生と変わらないものの，新近効果は見られなくなっている。この結果は，直後再生で見られた新近効果は数十秒程度の遅延によって失われてしまうようなタイプの記憶を反映し，それ以外の部分は比較的永続的なタイプの記憶を反映しているためであると解釈できる。すなわち，新近効果は短期記憶を，それ以外の部分は長期記憶を，それぞれ表しているのである。

短期記憶

短期記憶容量の測定　短期記憶の容量は，ランダムな文字列や数字列を提示して，それをすぐにおうむ返しで正しく答えられた桁数で測る（直接記憶範囲；immediate memory span）。数字列を使った場合は，とくに数唱範囲（digit span）と呼ばれる。その桁数はだいたい7±2桁になることから，「不思議な数，7（magical number, 7）」と呼ばれることがある（Miller, 1956）。

短期記憶の保持時間　系列位置効果の実験からも分かるように，短期記憶の情報は数十秒程度で急速に失われる。3個の文字（例：B, K, Q）を記銘し，妨害課題を十数秒ほど行ってから再生するという実験を行ったところ，成績は急激に減衰し，わずか

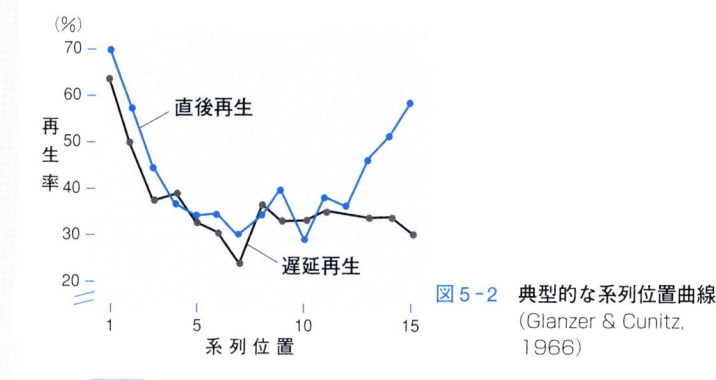

図5-2 **典型的な系列位置曲線**（Glanzer & Cunitz, 1966）

Topic 初頭効果が生じる理由

初頭効果が生じる理由の一つとして，「系列の最初の数語はリハーサル回数が多かったためだ」という仮説が考えられる。これを実証するために，刺激を提示しているあいだ実験協力者に声に出してリハーサルしてもらい，単語ごとのリハーサル回数を測定するという実験が行われた（Rundus, 1971）。その結果が下の図である（図5-3）。この図からも分かるように，新近効果の部分を除いて，リハーサル回数と再生成績とは非常に強く関連していた。この結果は，初頭効果が生じる原因の一つはリハーサル回数にあるということを示している。

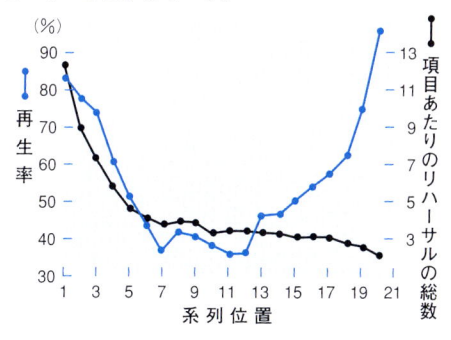

図5-3 リハーサル回数と系列位置曲線（Rundus, 1971）

20秒ほどで覚えた文字がほとんどすべて短期記憶から失われてしまった（Peterson & Peterson, 1959）。すなわち，維持リハーサル（後述）をするか情報を長期記憶に送り込むかしない限り，短期記憶からはわずか数十秒で情報は失われてしまうのである（図5-4）。

チャンク　短期記憶の容量は，単純に7±2個の数字や文字というわけではない。短期記憶の保持時間を測定する実験を，今度は3文字の単語を1語だけ記銘して行ったところ（例：bat），成績の低下は非常に緩やかであった（Murdock, 1961）。これは，3個の文字の場合と異なり，3つの文字がまとまって「1つの単語」というまとまりを形成しているためであると考えられる。このようなまとまりのことを**チャンク**（chunk）と呼ぶ。すなわち，短期記憶の容量は，チャンクというまとまりを単位として7±2個だということができる。

● 作 動 記 憶

短期記憶から作動記憶へ　バドレーは，短期記憶モデルは情報貯蔵だけに重点を置きすぎ，情報処理という側面を軽視しているとして，新たに**作動記憶**（working memory）という概念を提唱した。作動記憶とは，文を読んだり暗算をしたりといった何らかの認知的な作業を行いながら，そのために必要な情報を一時的に保存する際に働く動的な記憶システムであり，認知的な情報処理をも包含したモデルである。

作動記憶のモデル　バドレー（Baddeley, 1986）は，**音韻ループ**（phonological loop）と**視空間スケッチパッド**（visuo-spatial sketchpad）という2つの下位システムと，それらを制御する**中**

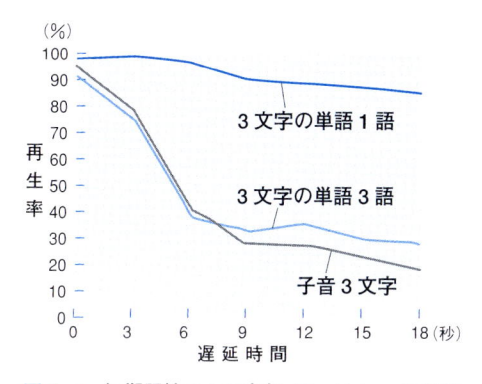

図5-4 短期記憶からの忘却（Baddeley, 1999）
3文字の単語3語と子音3文字では同じように成績が低下しているが，3文字の単語1語の場合はほとんど成績が低下していない。

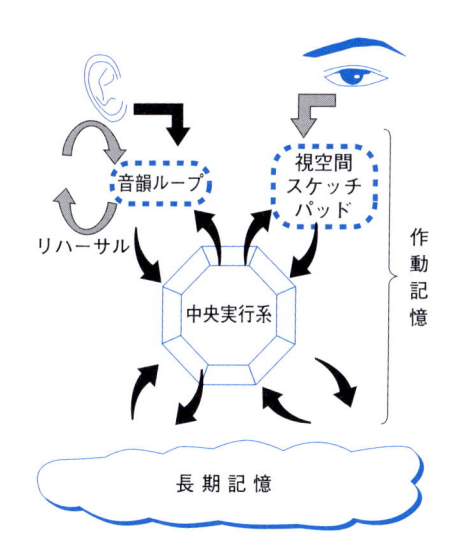

図5-5 バドレーの作動記憶モデル（Baddeley, 1986）

央実行系(central executive)とからなる作動記憶のモデルを提案した(図5-5)。音韻ループは言語理解や推論のための音韻情報を一時的に保存するシステムであり,視空間スケッチパッドは視空間的なイメージを保存したり操作したりするためのシステムである。中央実行系は,これら2つの下位システムを制御したり,長期記憶との情報のやりとりを行ったりするシステムである。

二重課題法と作動記憶モデル　バドレーとヒッチ(Badeley & Hitch, 1974)は,実験協力者に2つの課題を同時に課すという二重課題法(dual-task method)を用いてこのモデルを検証した。実験協力者は,最初に提示された1桁から6桁の数字を記憶しながら,視覚的に提示された単文の正誤を判断してキーを押すという課題を同時に行った(たとえば「AはBの前にはない−AB」。この課題の正解は×である)。その結果,記憶すべき数字が3桁くらいまでは数字の記憶成績も正誤判断の成績もほとんど低下しなかったのである。このことは,文の正誤を判断している間も数字を保持することが可能だということであり,判断や推論のシステム(中央実行系)と,音韻を内的に保持するシステム(音韻ループ)とが別のシステムであるということを示している。しかし,記憶すべき数字がもっと多くなると判断の成績が急激に低下したことから,二重課題の負荷が大きくなると2つの課題を同時並行で処理することができなくなるということも明らかになった。

作動記憶の限界容量　バドレーとヒッチの実験からも分かるように,作動記憶にも限界容量がある。しかし,短期記憶容量を測定する直接記憶範囲では,作動記憶の情報処理という側面を測ることができず,作動記憶容量の測定方法としては不十分である。

そこで,文を音読しながらその文の最後の単語を記憶し,後で

Topic リーディングスパンと認知能力との相関

リーディングスパンの個人差は，複雑な文の理解や問題解決など，さまざまな認知能力の個人差と密接に関連している。たとえば，文末の代名詞が文中のどの名詞と対応しているのかを答えるという課題を行ったところ，リーディングスパンの小さい実験協力者は代名詞と名詞との間の語数が増えるに従って急速に正答率が低下したが，リーディングスパンの大きい実験協力者はほとんど成績が低下しなかった（図5-6）。これは，作動記憶容量の小さい実験協力者は，代名詞と名詞との間の語数が多くなるとその間に挿入されている文の処理だけで処理容量を使い切ってしまい，名詞と代名詞との照応関係の処理にまで処理容量をまわすことができなくなるのに対して，容量の大きい実験協力者はこれらの処理を同時に並行して行うことが可能なためである。

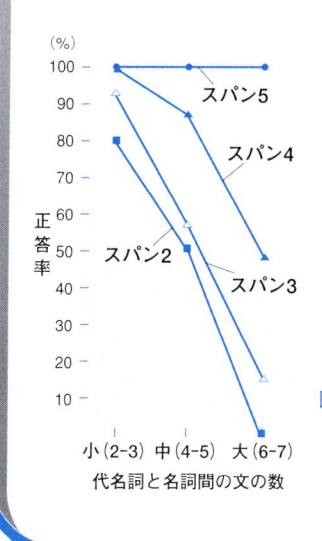

図5-6 リーディングスパンと文理解の成績の関係 (Daneman & Carpenter, 1980)

まとめて再生するというテストが工夫された（**リーディングスパン・テスト**；reading span test；Daneman & Carpenter, 1980）。リーディングスパン・テストでは，まず2つの短い文を続けて音読し，その直後にそれらの文の文末の単語を2つまとめて再生する。これを5回繰り返すと，今度は続けて読む文を3文に増やして同じことを繰り返す。このようにして読む文を5文まで増やしていき，単語の再生成績が基準に達した最大の文の数をもって作動記憶の容量（リーディングスパン）とするのである（p.105 **Topic**参照）。日本語版リーディングスパン・テストの詳細は苧阪（1998）に詳しいので，試してみたい人は参照してほしい。

● 情報を長期記憶へ送り込む

リハーサル　情報を永続的に覚え込むためには，長期記憶に送り込まなければならない。そのためには，一般に記銘すべき情報を繰り返す必要がある（**リハーサル**；rehearsal）。しかし，単に繰り返すだけでは記銘されるとは限らない。リハーサルには，長期記憶へ送り込むための**精緻化リハーサル**（elaborative rehearsal）と単に短期記憶にとどめるためだけの**維持リハーサル**（maintenance rehearsal；p.107 **Topic**上参照）との2種類があるので，長期記憶に送り込むためには精緻化リハーサルを行う必要がある。

処理水準効果　長期記憶への定着の強さは，どのような覚え方で記銘するかによって変化する。クレイクとロックハートは，単語に対する判断の実験であるという教示（偶発学習課題）のもとで実験協力者に単語を1語ずつ提示し，文字レベルの処理（例：「カッコウ」には「カ」が含まれているか），音韻レベルの

Topic 維持リハーサルの存在を示した実験

クレイクとワトキンスは，非常に巧妙な実験を通じて維持リハーサルの存在を証明した（Craik & Watkins, 1973）。彼らは，実験協力者に単語を1語ずつ提示して，（記憶実験であるということを隠して）bで始まる単語のうちで最後に提示された単語を答えるよう教示した。たとえば，「church, blood, lime, dog, bread, iron, music, frog, bank, ant」というリストを提示した場合，実験協力者は「……, blood, blood, blood, bread, bread, bread, bread, bank, bank」と繰り返すことになり，bloodを3回，breadを4回，bankを2回，それぞれ繰り返すことになる。

そして，提示された単語すべてに対する再生を求めたところ，繰返しの回数と再生成績との間に相関が見られないという結果が得られた。この結果は，この実験で行った繰返しは，長期記憶へ送られるタイプのリハーサルとは異なり，単に短期記憶にとどめておくためだけに行われる維持リハーサルであるということを示している。

Topic 偶発学習と意図的学習

クレイクらの一連の実験では，記憶の実験ではないという偽りの教示のもとで学習をさせた。これは，記憶実験であることを明示してしまうと，実験協力者がそれぞれ得意な方法で単語を記銘してしまい，実験者が意図する処理を行ってくれない恐れがあるからである。このように，実験協力者が記銘意図を持たずに学習することを偶発学習（incidental learning）と呼ぶ。逆に，記銘意図を持って学習することは意図的学習（intentional learning）と呼ぶ。

処理(例:「カッコウ」と「ガッコウ」は音韻が似ているか),意味レベルの処理(「カッコウ」は鳥か否か)のいずれかの課題を行った(Craik & Lockhart, 1972)。そして,後で記憶テストを行ったところ,学習時の処理のレベルが文字レベル,音韻レベル,意味レベルと深くなるに従って記憶の成績が良くなった。これを**処理水準効果**(levels-of-processing effect)と呼ぶ。この結果は,学習時の処理の水準が深ければ深いほど,より強く記銘されるということを示している。

長期記憶からの忘却

時間の経過と忘却 実証的な記憶研究の祖であるエビングハウス(第1章参照)は,覚えてから時間が経つに従って,どのように忘却が進むのかを研究した。その結果,学習した直後は急速に忘却が進んでいくが,その後は次第に緩やかになっていくことが明らかになった。これを**忘却曲線**(forgetting curve)と呼ぶ(図5-7)。

なぜ忘れるのか ── 減衰・干渉・検索の失敗 なぜ忘却が生じるのだろうか。もっとも単純には,時間の経過とともに記憶痕跡が薄れていくためであると考えられる(**減衰説**)。しかし,時間が経つに従って,その間にいろいろなことを記憶するために,それらが妨害しあって忘却が生じるという要因も働いている(**干渉説**)。干渉には,すでに持っている記憶が新たに記憶しようとする情報を妨害する**順向干渉**(proactive interference)と,新たに記銘した情報がすでに持っている記憶に対して干渉する**逆向干渉**(retroactive interference)とがある。

さらに,減衰や干渉によって記憶痕跡が壊れてしまうわけでは

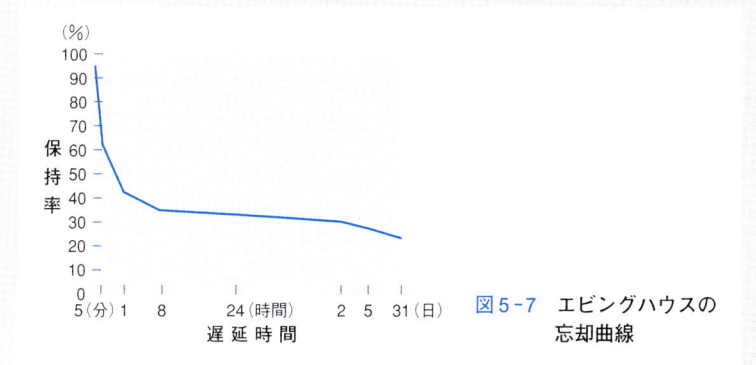

図5-7 エビングハウスの忘却曲線

Topic 減衰説か干渉説か

　減衰説と干渉説ではどちらが妥当なのだろうか。これを明らかにするために，ジェンキンスとダレンバックは，記銘後に眠った場合と起きていた場合とで忘却の進み方を比較する実験を行った（Jenkins & Dallenbach, 1924）。その結果，記銘後に起きていた場合のほうが，眠った場合よりも忘却の進み方がはやいということが分かった（図5-8）。これは，忘却には単純な減衰だけではなく，記憶痕跡どうしの干渉も影響していることを示している（ただし，最新の記憶研究からは，睡眠が記憶の定着と密接に関わっている可能性が示唆されているので，睡眠を「干渉を受けない状態」とだけ考えることは，現在では単純すぎると言えるだろう）。

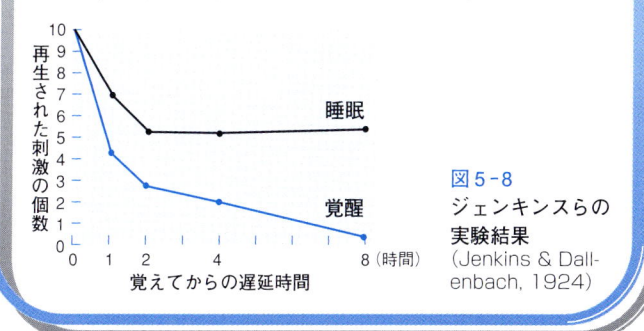

図5-8 ジェンキンスらの実験結果 (Jenkins & Dallenbach, 1924)

長期記憶からの忘却

なく，記憶痕跡は残っているのにそれを検索することができなかったために忘却が生じる場合もある（**検索失敗説**）。ワゲナーは，6年間にわたって自分自身の経験を系統的に日誌に記録した（Wagenaar, 1986）。そして後からその経験の想起を試みたところ，最初は思い出せなくても日誌に書かれた一部のことを手がかりにすると，その他のことも思い出すことができることを報告した。この結果は，最初に思い出せなかったのは記憶痕跡が壊れてしまったためでなく，記憶表象を検索することができなかったためであることを示している。すなわち，忘却には検索の失敗も関与しているということである。

長期記憶からの想起

記憶の文脈効果と状態依存性　記憶の成績は，覚えたときと思い出すときの状況が似ていればいるほど良くなる。ゴドンとバドレーは，スキューバ・ダイビングの訓練は陸上と水中のどちらで行うのが効果的かを調べるために，陸上または水中で単語を記銘し，それらを陸上または水中で再生するという実験を行った（Godden & Baddeley, 1975）。その結果，陸上で記銘した場合には陸上で，水中で記銘した場合には水中で，それぞれ想起した場合に再生の成績が良かった（図5-9）。この結果は，記憶の成績は記銘の仕方だけまたは想起の仕方だけでは決定されず，記銘時と想起時の文脈や処理が似ているかどうかが重要であるということを示している。

このような記憶の**文脈効果**は，外的な状況の一致だけに限らず，酔っているか素面であるかとか，記銘時と想起時の気分や感情が一致しているかどうかなどといった心身の状態にも見られる現象

(%)
正確に再生された単語の割合

- 陸上で記銘された単語
- 水中で記銘された単語

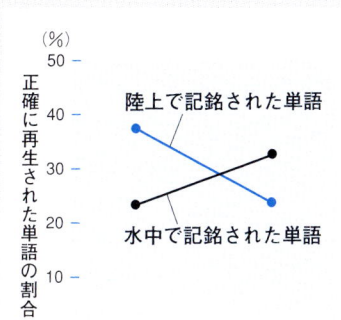

陸上で再生　水中で再生

図 5-9　ゴドンとバドレーの実験結果
(Godden & Baddeley, 1975)

Topic　処理水準効果と転移適切性処理

モリスらは，処理水準効果の実験では，記銘時の処理水準だけが操作されて想起時の処理水準が操作されていないと考えた。そこで彼らは，記銘時に音韻レベルと意味レベルの処理をさせる一方，想起時にも通常の再認（例：「カッコウはありましたか」）と音韻レベルの再認（例：「カッコウ（cuckoo）と似た音韻の単語はありましたか」）の2条件を設定して実験を行った（Morris et al., 1977）。

その結果，通常の再認課題を行った場合には学習時に音韻処理よりも意味処理をしたほうが成績が良かったが，音韻レベルの再認課題を行った場合には，逆に学習時に音韻処理を行ったほうが成績が良いということが明らかになった。この結果は，学習時の処理水準が重要なのではなく，学習時とテスト時の処理が似ていることが重要だということを示している。転移適切性処理の観点から考えると，記銘時に処理水準の効果が見られるのは，想起の際には一般に深いレベルの処理が行われるので，学習時にも深い処理をした場合のほうが処理の類似度が高まるためであると考えられる。

長期記憶からの想起

である（記憶の状態依存性；state-dependent memory）。

転移適切性処理　文脈効果や記憶の状態依存性が示しているのは，記銘や想起の過程はそれぞれ独立に働いているのではなく，密接に関連しあっているということである。すなわち，記銘時に行う処理と想起時に行う処理とが類似していればいるほど，想起の成績は良くなる。これを転移適切性処理（transfer appropriate processing）と呼ぶ（p.111 Topic参照）。

記憶の構成的な性質

記憶の変容　記憶の誤りは思い出せないことだけに限らない。カーマイケルらは，抽象的な線画にさまざまな言語ラベルを付けて実験協力者に記銘させ，後でその図形を再現させた（Carmichael et al., 1932）。すると実験協力者は，付けた言語ラベルに似た形でその図形を再現したのである（表5-1）。

このような記憶の変容は言語ラベルだけに限らない。バートレットは，北米先住民の民話を題材とした「幽霊の戦い」の物語を，北米先住民の文化をよく知らないイギリス人の実験協力者に読ませ，後でその内容を思い出してもらった。すると，イギリス人にとって馴染みがないために理解しにくい部分は，彼らにとって理解しやすいように変容したり，情報が補われていたりしたのである（Bartlett, 1932）。

これらの事実は，記憶の過程が，既有の知識を参照したりスキーマに当てはめたりといった処理を含む，動的で構成的なものであることを示している。

誤情報効果と「目撃者の証言」　記憶した後で，実際とは異なる誤った情報（誤情報）に接したことによって，実際に見聞きし

表 5-1　カーマイケルらの実験結果

再現された図形	言語ラベル	提示された図形	言語ラベル	再現された図形
	← 窓のカーテン		長方形の中のダイヤモンド →	
	← 7		4 →	
	← 船の舵		太陽 →	
	← 砂時計		テーブル →	
	← インゲン豆		カヌー →	
	← 松の木		こて →	
	← 銃		ほうき →	
	← 2		8 →	

Topic　エモーショナル・ストレス場面での記憶

　目撃者の証言の正確さが問題になるのは，悲惨な事件や事故を目撃した場合には気が動転してしまい，平常心ではいられないからである。しかし実験室で強い**エモーショナル・ストレス**を与えることは難しく，実験的なアプローチが困難な領域の一つである。

　しかし，実験心理学はさまざまな工夫をしてこの問題にチャレンジしている。たとえば越智は，車の前に人が倒れているという交通事故を表した写真を実験協力者に提示して，後でその写真に写っていた事物に対する記憶を調べるという実験を行った（越智・相良，2001）。その際，負傷者の頭から流血している写真と流血していない写真とを比べると，流血の部分以外はまったく同じ写真であるにも関わらず，流血している写真に対する記憶のほうが不正確であった。さらに，血のかわりに場違いなぬいぐるみが写っている写真に対しては記憶の成績が低下しなかったことから，この結果は，非日常的な写真だから記憶が不正確になったのではなく，エモーショナル・ストレスによるものであると結論することができる。

記憶の構成的な性質

たことではなく誤情報のほうを見たと思い込んでしまうことがある（誤情報効果；misinformation effect）。誤情報効果がとくに問題となるのは，事件や事故の目撃者の証言を得る場合である。そこでロフタスらは，誤情報が目撃証言に及ぼす影響を調べる実験を行った（Loftus et al., 1978）。彼らは最初に，交通事故を表した一連のスライド写真を実験協力者に提示した。次にこのスライドの内容に関する質問を行うのだが，このとき半数の実験協力者には質問文の中に誤情報をさりげなく挿入しておいた。たとえば，実際のスライドには「止まれ」の標識が写っていたのに，「車が注意の標識を通過したときに，他の車は通りませんでしたか」といった形で誤情報を与えたのである。そして最後に，最初に提示したスライドの記憶を調べたところ，誤情報を与えられた実験協力者の多くは，誤情報である「注意」の標識のほうを見たと答えたのである。さらに，誤情報を見たと誤認した実験協力者の確信度はきわめて高かったのである。このことは，実験協力者は誤情報に接したことによって判断に迷っているのではなく，誤情報を見たと確信していることを示しており，自信たっぷりになされた目撃証言が必ずしも正確であるとは限らないということを示唆している。

未来の行動のための記憶 ── 展望記憶

展望記憶と回顧記憶　ここまで紹介してきた記憶は，すべて過去のことをさかのぼって思い出すタイプの記憶であった。これを回顧記憶（retrospective memory）と呼ぶ。これに対して，これから行うべき行動を忘れずに実行するための記憶を展望記憶（prospective memory）と呼び，近年研究が進んでいる（Topic）。

Topic　展望記憶の実験的研究

　展望記憶はこれから行うべき行動の記憶であるため，初期の展望記憶研究は，ウィルキンスとバドレーの研究にも見られるように，研究協力者に何か用事を依頼してそれを日常生活の中で行ってもらうというタイプの研究が多かった。このようなタイプの研究は，日常場面での行動そのものを対象とするため生態学的妥当性（ecological validity）は高い反面，実験室的な研究に比べ，研究協力者の行動に及ぼすさまざまな要因（剰余変数）を統制することが難しいという欠点があった。

　そこでアインシュタインとマクダニエルは，事象ベースの展望記憶を実験室的に研究する巧妙な実験パラダイムを考案した（Einstein & McDaniel, 1990）。彼らは，実験協力者に対して，6個の単語がコンピュータの画面に次々に提示されるのでそれらを記憶し，最後に「思い出してください」と表示されたら系列再生するようにと教示した。加えて，特定の単語（たとえば「熊手」）が提示されたら，その時点ですぐに決められたキー（たとえばF10）を押すようにとも教示した。すなわちこれが，「熊手」という事象を想起手がかりとした事象ベースの展望記憶課題となっている。そして，手がかり語が提示されたときに正しくキーを押したかどうかを展望記憶の指標とした。

　その結果，事象ベースの展望記憶には加齢の効果が見られないことや，手がかりの熟知性が高かったり他の事象との示差性が高かったりした場合に展望記憶の成績が良いことなど，さまざまな事実が明らかになった。この実験パラダイムの考案は，その後の展望記憶研究の推進に大いに貢献したのである。

ウィルキンスとバドレーは，展望記憶が回顧記憶と異なるシステムであるかどうかを調べるため，実験協力者の家庭にボタンボックスを置いてもらい，毎日4回決まった時間に押してくれるように依頼した（Wilkins & Baddeley, 1978）。そして，実験協力者を回顧記憶能力の高低に分けて展望記憶課題の成績（決められた時間と実際にボタンを押した時間とのずれ）を比較したところ，回顧記憶の成績が良い実験協力者は，むしろ展望記憶課題の成績が悪いという結果が得られた。この結果は，展望記憶と回顧記憶とが異なる記憶システムであるということを示すものである。

展望記憶の要素と種類　展望記憶には，「用事があることを自発的に思い出す」という要素と「その用事が何かを思い出す」という要素の2つがあり，これらが両方とも成功しないと展望記憶としてはうまく機能しない。このうち，前者が展望記憶固有の働きであり，後者は回顧記憶の働きを反映したものであろうと考えられている。

さらに展望記憶は，想起手がかりの種類によって2つに分けられている。一つは「何時になったら（または何時間経ったら）これこれをしよう」という**時間ベースの展望記憶**（time-based prospective memory）であり，もう一つは「A君に会ったらこれこれを伝えよう」などという**事象ベースの展望記憶**（event-based prospective memory）である。そして，時間ベースの展望記憶には加齢による成績の低下が見られるが，事象ベースの展望記憶には低下が見られないことなどが報告されている（Einstein & McDaniel, 1990）。

◯ ◯ ◯ 参考図書

バッドリー, A. 川幡政道(訳)(1988). カラー図説 記憶力——そのしくみとはたらき—— 誠信書房

　実験的な記憶研究の第一人者であるバドレー（バッドリー）による入門書。カラー図版が美しく，楽しく記憶について学ぶことができる。

シャクター, D. L. 春日井晶子(訳)(2004). なぜ，「あれ」が思い出せなくなるのか——記憶と脳の7つの謎—— 日経ビジネス文庫　日本経済新聞社

　こちらも記憶研究の第一人者であるシャクターが書いた本。脳科学の知見も交え，記憶研究の成果について平易に書かれている。

森　敏昭(編著)21世紀の認知心理学を創る会(著)(2001). 認知心理学を語る1　おもしろ記憶のラボラトリー　北大路書房

　日本の若手記憶心理学者たちが最新の記憶研究のトピックについて解説した本。最新の研究がやさしく紹介されている。

高野陽太郎(編著)(1995). 認知心理学2——記憶—— 東京大学出版会

　記憶研究全般についてしっかりと書かれた本。さらに進んでしっかり勉強したい方にはお勧め。

太田信夫・多鹿秀継(編著)(2000). 記憶研究の最前線　北大路書房

　記憶研究の最前線について，最新の研究を紹介しながら解説した専門書。

学　　習

　われわれは朝から晩までさまざまな行動をしている。朝起きて，水道の栓を操作し水を出して顔を洗い，タオルを手に取り顔をふく。食卓について，茶碗と箸を持ち箸にご飯をのせて持ち上げ，口に運ぶ，というように。
　これらの行動の多くは，経験によって得たものである。人間は，他の人間を含めた環境と関わり合いながら新しい行動を獲得し，変化させ，維持していく。これを学習という。

学習の種類

学習（learning）といえば学校で行う勉強のことを思い浮かべる人が多いだろう。しかし心理学で扱う学習はもっと広範なものである。顔の洗い方，服の着方，食べ物の味の好みといった生活上の基本的なもの，また自転車の乗り方などの技能学習，さらに言語を始めとするさまざまなコミュニケーション能力の習得，動機づけ，情動の生起とその表し方にも学習の機能は働いている。

これらの学習現象を扱うために，心理学者たちは次のようないくつかの概念的枠組みを作り上げて，それによって個別の現象を扱おうとしてきた。

遺伝的に組み込まれているものとして反射（reflex）がある。特定の刺激に対し遺伝的に決まった比較的単純な形の反応が起こる。たとえば眼に光を当てると瞳孔が収縮する（瞳孔反射）。このような刺激と反応の関係を反射という。反射の中には乳児のころだけに現れるものもある。ほおに指で触れると頭を回して指のほうに口をもってくるルーティング反射，手のひらに物がふれるとそれをつかもうとする把握反射などがよく知られている。

これらの反射は進化の中で獲得されてきたものであるが，経験はそれらを変容させることができる。

馴化　　反射を引き起こす刺激を繰返し与えていると反応の強度が次第に小さくなっていく。これを馴化（habituation）と呼ぶ（図6-1参照）。突然大きな音がしたらビクッとする（驚愕反応）が，繰返し聞いていれば次第に慣れてくる。

一方，非常ベルが壊れて，5分おきに鳴っていたら次第に慣れてくるが，それが突然1分おきに変わったらやはりびっくりするであろう。このことから，馴化は感覚が疲労して（感覚順応）起

Topic　氏（うじ）か育ちか

　われわれ人間や動物の行動の成り立ちについて考えてみるときの視点の一つは、それが生まれつきのものなのか、生まれてから経験によって身につけたものなのか、ということである。言い換えれば、遺伝的要因と学習である。この問題は長らく心理学の世界で議論されてきた。

　乳児のころに現れるさまざまな反射は、遺伝的要因による部分が大きいであろう。また動物には生得的にその形がほぼ決まっている行動も多い。一方、われわれ人間は、その環境に応じてさまざまな新しい行動を獲得することができる。

　遺伝的に形の決まった行動はそれを変えるのに何世代もの時間を要するが、学習機能は動物のある個体の一生の間に、新しい行動を獲得しあるいは変える機能である。環境に素早く適応できるという点で、生存上より有利なものと言える。もちろん学習の機能自体も自然淘汰によって作り上げられてきたものである。言語を例に考えてみよう。言語を獲得する機能は、進化の中で人間という種が獲得してきたものである。しかし、どんな言語を話せるようになるかは、その人間が育つ環境の中で経験した言語の種類による。

　このように、遺伝的要因と学習による要因は相互に作用することで行動を作り上げているのである。

こるのでもなく，筋肉の疲労によって起こるのでもないことが分かる。これは経験による反射の変化なのである。

　古典的条件づけ　　刺激が与えられて反射が起こるとき，その刺激に時間的にわずかに先行して別の刺激が与えられていると，その別の刺激に対しても反応が起こるようになる。この現象を**古典的条件づけ**（classical conditioning）という（図6-2）。自動車を運転していて，濡れた路面のカーブでスリップして危うく道路脇の建物にぶつかりそうになって止まったとする。このとき非常な恐怖を感じるであろう。心拍が速くなり，冷や汗が流れるかもしれない。こうした経験をすると，その後濡れた路面，カーブなどにも恐怖を感じるようになる。せまり来る建物という刺激と同時に存在していた刺激に対しても反射が形成されるのである。

　オペラント条件づけ　　先の2つは，反射を基礎とした学習であった。しかしそれだけではもともと組み込まれている反応しかできない。新しい行動を獲得するためには，別の機能が必要である。人や動物が自発したある反応になんらかの刺激が後続した場合，その反応が強まったり弱まったりすることがある。車での通勤途中，通ったことのない道を利用したところ，いつもより早く着けたなら，それ以降その道を選択することが多くなるだろう。逆に時間がよけいにかかったら，その道は通らなくなるかもしれない。このように，反応の結果によってその後の反応の強さや頻度が変化することを，**オペラント条件づけ**（operant conditioning）という（図6-3）。

🔵 古典的条件づけの基礎

　ロシアの生理学者パヴロフ（Pavlov, I. P., 1849-1936）は唾液腺

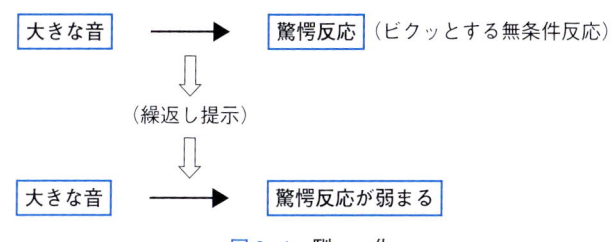

```
大きな音  ──────▶  驚愕反応 (ビクッとする無条件反応)
          ⇓
      (繰返し提示)
          ⇓
大きな音  ──────▶  驚愕反応が弱まる
```

図6-1 馴　化

反射は無条件刺激を繰返し提示することで弱まっていく。

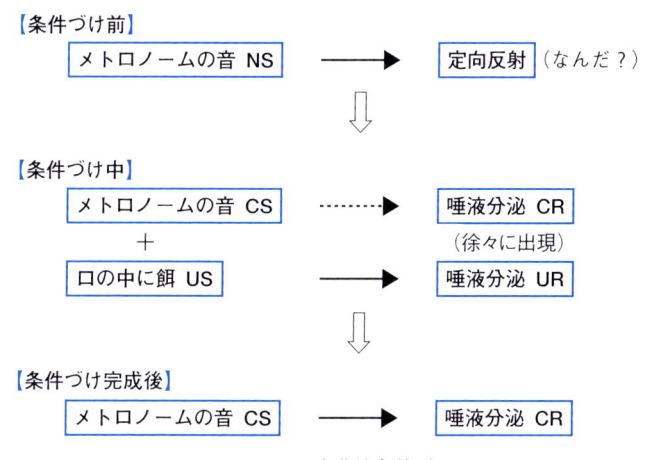

【条件づけ前】
```
メトロノームの音 NS  ──────▶  定向反射 (なんだ?)
```
          ⇓

【条件づけ中】
```
メトロノームの音 CS  ┄┄┄┄▶  唾液分泌 CR
      ＋                    (徐々に出現)
口の中に餌 US      ──────▶  唾液分泌 UR
```
          ⇓

【条件づけ完成後】
```
メトロノームの音 CS  ──────▶  唾液分泌 CR
```

図6-2　古典的条件づけ

唾液分泌に関しては中性だった刺激（メトロノームの音）が，餌と対にして提示されることで唾液分泌を引き起こすようになっていく。

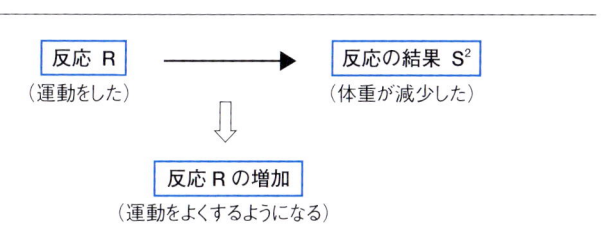

```
   反応 R     ──────▶   反応の結果 $S^2$
 (運動をした)            (体重が減少した)
          ⇓
     反応 R の増加
  (運動をよくするようになる)
```

図6-3　オペラント条件づけ

反応に結果が伴うことで反応が変化する。

古典的条件づけの基礎

の研究をしていたが，あるとき実験に使っていたイヌが，餌のないときにも唾液分泌をしていることに気がついた。唾液分泌は口の中に食物が入ることによって起こる反射であるから，刺激がないときに起こるのは不思議である。やがてこの不思議な唾液分泌が，実験者の姿など別の刺激によって起こっていることに気がつき，条件反射の研究を始めたのである（図6-4, 図6-5）。

彼は，反射を引き起こす無条件刺激と対にされた刺激はやはり反応を引き起こす力を持つことを発見し，これを無条件反射に対して，**条件反射**（conditioned reflex）と呼んだ。この新たに反応を引き起こす力も持った刺激を**条件刺激**（conditioned stimulus：CS），条件刺激によって引き起こされる反応を**条件反応**（conditioned response：CR）と名づけた。またもともとの反射を構成する刺激を**無条件刺激**（unconditioned stimulus：US），引き起こされる反応を**無条件反応**（unconditioned response：UR）と呼ぶ。

メトロノームの音を初めて聞いたイヌは音のするほうを見る（定位反応）ことはしても唾液は流さない。この時点でのメトロノームの音は，唾液分泌反応に関して中性であることから，**中性刺激**（neutral stimulus：NS）と呼ばれる。しかしこの音と餌を対にして提示することを繰り返すと，メトロノームの音だけでも唾液を分泌するようになる。この現象および手続きを古典的条件づけ（パヴロフ型条件づけ，レスポンデント（respondent）条件づけ）と呼ぶ。

われわれ日本人はうめぼしを見ただけで唾液が出るが，これはうめぼしを食べたことのない人には起こらない現象である。口の中のうめぼしはUS，見ているうめぼしはCSであり，過去の経験から条件づけが形成されているのである。

図6-4 パヴロフの研究室 (Barker, 1988より)

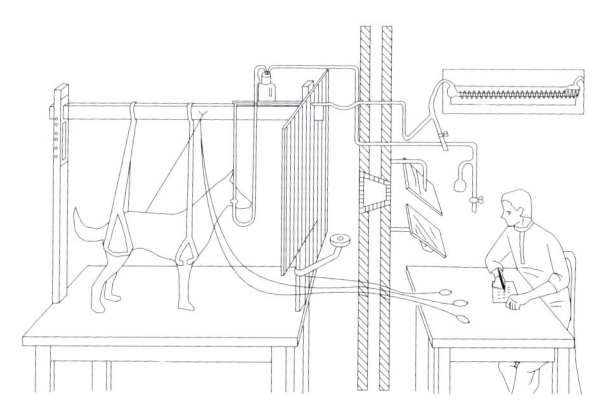

図6-5 イヌの唾液分泌の実験装置
手術でほおに漏管をとりつけ、唾液の滴下の計測、記録ができるようになっている。

古典的条件づけの基礎

パヴロフは消化腺自体の研究（この研究によってノーベル生理学・医学賞を受賞している）から条件づけの研究に方向転換し，さまざまな現象を発見した。

消去　条件づけ後，CSはCRを引き起こすようになる。すなわちUSがなくてもCSだけで反応が起こる。しかし，CSを単独で提示することを繰り返すと，次第にCRは減少してついには起こらなくなる。これを消去（extinction）という（図6-6）。唾液分泌を引き起こすようになったメトロノームの音だけを繰返し聞かせていると，そのうちに唾液分泌反応は起こらなくなる。

それではCSはもとのNSに戻ったのであろうか。そうではないということを示すのが自発的回復（spontaneous recovery）と呼ばれる現象である（図6-6）。CRが起こらなくなった後，しばらく時間をおいてから再びCSを提示するとCRが再び現れるのである。このことから，消去の手続きによってCRが起こらなくなったとしても，CSのCRを引き起こす「力」は消えてしまったのではないことが分かる。パヴロフは消去の現象について，条件づけによって形成されたCSの興奮性の連合が，消去によって形成される抑制性の連合によって覆い隠されるのだと考えた。

CSとUSの確率的関係　条件づけの成立には単にCSが短い時間USに先行するだけでなく，その確率的関係が重要である。

レスコーラ（Rescorla, 1968）は2分間連続する音をCSとして，そのCS提示中に0.4の確率で電気ショックを与えた。またCSが提示されていないときにも2分間あたり0から0.4の確率で電気ショックを与えた。測定された反応は，音が他の反応（たとえば水飲み）をどの程度抑制するかであった。通常の条件づけでは，CSである音は，電気ショックに対する無条件反応であるラット

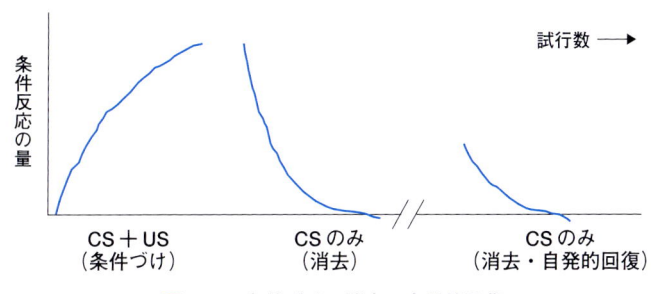

図 6-6　条件づけ・消去・自発的回復

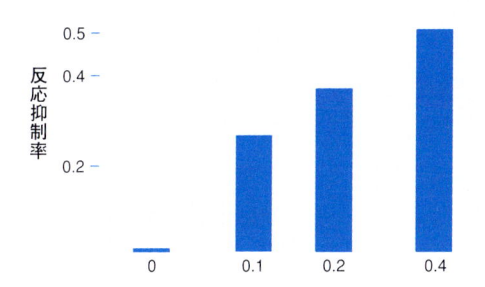

図 6-7　CS が提示されていないときの US の確率と，CS による反応の抑制率
(Rescorla, 1968)

反応抑制率は，

$$\frac{\text{CS 提示中の反応率}}{\text{CS 提示中の反応率 ＋ CS が提示されていないときの反応率}}$$

で表される。したがって反応抑制率が 0.5 のときは反応がまったく抑制されておらず，値が 0 に近づくに従い，抑制の程度が強くなっていくことになる。

（ネズミ）の**フリージング**（freezing）**反応**（動きをとめて固まったようになる反応）と同じ条件反応を引き起こし，結果として他の反応を抑制してしまうのである。このような反応を**条件性情動反応**（conditioned emotional response：CER）と呼ぶことがある。レスコーラの実験の結果を図6-7に示した。CSが提示されていないときのUSの確率（p（US|$\overline{CS}$））が0.4でCS提示中の確率（p（US|CS））と同じときには条件づけは起こらなかった。このときCSはUSの生起に関して情報をもたらさないからだと考えられている。p（US|CS）の値がp（US|$\overline{CS}$）より大きいときにのみ条件づけが起きる。

では逆にp（US|CS）の値がp（US|$\overline{CS}$）より小さいときには何が起きるか。レスコーラによるもの（Rescorla, 1966）もふくめてその後の研究は抑制性の条件づけが起こることを示している（図6-8）。

2次条件づけ　ある刺激によって条件づけを行い，その刺激がCSになったとする。このCSに新たな刺激を組み合わせて提示すると，新たな刺激もCSとなる。唾液分泌を引き起こすようになったメトロノームの音と，たとえば電灯の光を対提示すると電灯の光も唾液分泌を引き起こすようになる。この2段階の条件づけを**2次条件づけ**（secondery conditioning）と呼ぶ（図6-9）。さらに3段階，4段階の条件づけも可能である場合があり，これらをまとめて**高次条件づけ**（higher order conditioning）と呼ぶ。

「うめぼし」という言葉で唾液分泌が起こるとしたら，唾液分泌反応に関しては，この言葉は2次条件づけによって形成されたCSであると言える。

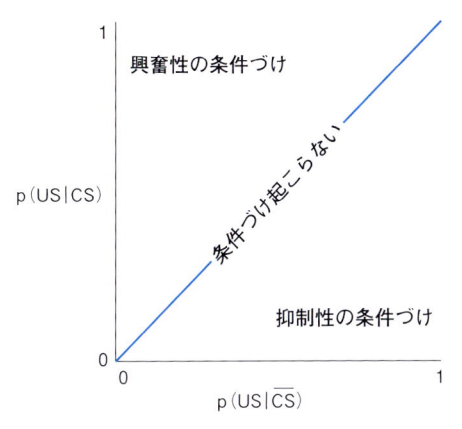

図6-8 CSとUSの確率的関係と条件づけ
縦軸はＣＳ提示中のＵＳの提示確率。横軸はＣＳが提示されていないときのＵＳの提示確率。対角線上では条件づけは起こらず、それより上の部分では興奮性、それより下では抑制性の条件づけが起こることになる。

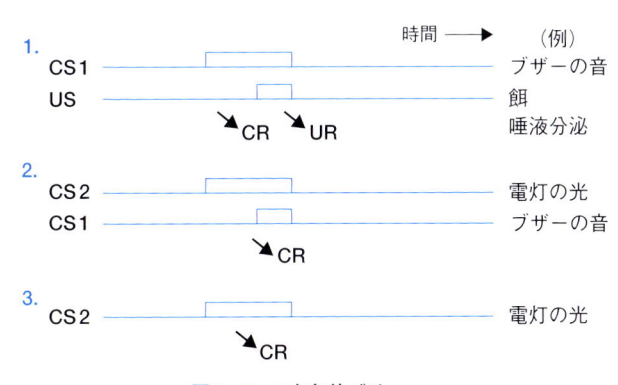

図6-9 2次条件づけ
USとは直接対にされていないCS2によっても条件反応が起こるようになる。

弁別と般化　刺激を2つ用意し一方の刺激（CS$^+$とする）にはUSを伴わせ，もう一方の刺激（CS$^-$とする）には伴わせないと，CS$^+$のほうはCRを引き起こすようになるが，CS$^-$のほうはCRを引き起こさない。2つの刺激が異なった反応を引き起こすようになる現象を**弁別**（discrimination）という。あるときはメトロノーム＋餌，あるときは電灯の光のみの試行をランダムな順で行うとメトロノームに対してのみ唾液分泌が起こるようになる。

　一方，ある刺激で条件づけを行うとその刺激に似た刺激に対してもCRが起こるようになる。これを**般化**（generalization）という。ある高さの音をCSとして条件づけを行ったのち，それより少し高い音，低い音を提示するとそれらの音に対してもCRが起こる。

どんな反応が条件づけられるのか

　古典的条件づけは，唾液分泌だけに起こるのではない。普段気づくことは少ないかもしれないが，日常生活の中でもさまざまな反応が条件づけられていると考えられる。

自律反応　唾液分泌を始めとして，心拍，GSR（皮膚電位反応）など，意識によってコントロールができない反応の多くが条件づけが可能である。また，モルヒネなど薬物の効果についても，条件づけの結果として解釈できる反応の変化が見られる。

動機づけ　反射のような単純な反応だけでなく，攻撃行動や求愛行動など，種特異行動と呼ばれるようなひとまとまりの反応も条件づけられる。ホリス（Hollis, 1984）はグラミー（淡水魚の一種）のオスで，光をCS，他のオスの個体をUSとして条件づけに成功している（図6-10）。条件づけを受けたオスは，同じ

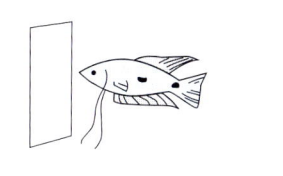

CS：赤い光が照射される　　US：他のオスが提示される

(a) CS 提示中の攻撃ディスプレイ

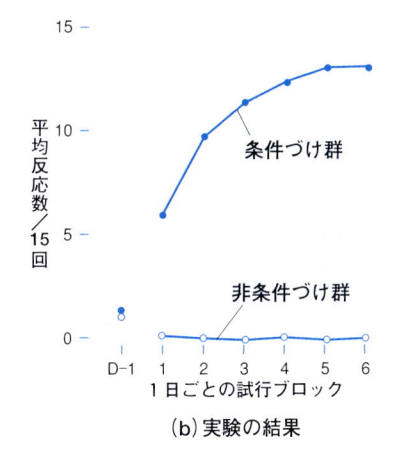

(b) 実験の結果

図 6-10　グラミーの攻撃行動の条件づけ（Hollis, 1984）
10秒間の赤い光にさらされた後，15秒間透明な瓶に入れられた別のオスが提示される。グラミーは赤い光に対して攻撃ディスプレイを示すようになった。

どんな反応が条件づけられるのか

ように光と他のオスを提示されたが対提示は受けなかったオスに比べ、より激しい攻撃行動を示した（動機づけについては第7章を参照のこと）。

情　動　実験的研究は少ないが、われわれの日々の生活の中で大きな影響を与えているものが情動の条件づけである。恐怖、喜び、悲しみといった感情は、それを感じているときに存在している刺激と結びつきやすい。その良い例は流行歌であろう。昔聞いた歌を時がたって聞いたとき、当時の情動が呼び覚まされることがある。また大きな事故などで激しい恐怖を感じたり身体的に傷を負ったりすると、その場所、乗り物など、そのときに存在していたものが後になっても恐怖を引き起こすことがある（情動については第8章を参照のこと）。

オペラント条件づけ

ソーンダイクの問題箱　パヴロフが条件反射の研究を行っていたのとほぼ同じ時期、新大陸ではソーンダイク（Thorndike, E. L.；図6-11）が試行錯誤学習（trial-and-error learning）の研究を行った。

彼はネコを問題箱（図6-12）という装置に閉じ込め、外に餌を置き、中に入れられたネコが箱の中の仕掛けを操作することによって外に出るまでの時間を計った。ネコは始めのうちでたらめに暴れているように見えるが、次第に仕掛け（たとえばペダル）を早く効率的に操作できるようになっていく。

パヴロフの実験が、時間的に先行して反応を引き起こす（誘発する）刺激に焦点を当てたものだったのに対し、ソーンダイクは自発される反応の結果に着目した。結果として「快」をもたらす

図6-11 E. L. ソーンダイク
（1874-1949）

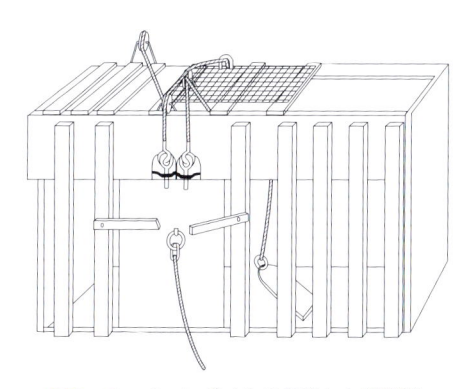

図6-12 ソーンダイクの考案した問題箱
たとえば，ペダルを踏むと，扉を押さえているくいが抜かれ扉がひらくようになっている。

反応は強められ,「不快」をもたらす反応は弱められる,という**効果の法則**(law of effect)を提唱したのである。この法則は今日までさまざまな理論的検討を加えられて**強化の原理**となり,この条件づけをオペラント条件づけ(「operant」はスキナーによる造語),また**道具的条件づけ**(反応が結果を得るための道具(手段)となっている)という。

三項随伴性　反応の結果起こる事象によって反応が強められることを**強化**(reinforcement),**反応**(response:R,またはoperant)の結果として起こり反応を強める事象を**強化子**(reinforcer, reinforcing stimulus:S^R)という。さらに,その反応と結果の関係が存在していることの手がかりとなるような刺激(弁別刺激;discriminative stimulus:S^D)を加えた3者の関係を**三項随伴性**(three-term contingency)と呼び,次のように表せる。

$$S^D : R \rightarrow S^R$$

イヌにお手を教えるときに,「お手」と言ってから(S^D),お手をしたら(R)なでてほめてやる(S^R)ことを繰り返す。友だち(S^D)に会って,「おはよう」と挨拶した(R)ら,「おはよう,元気?」と返してくれた(S^R)。速い球(S^D)に対してバットを短く持って振った(R)ら,ヒットになった(S^R),など,オペラント条件づけはわれわれの行動の多くに関わっている。

反応と結果の関係　反応が結果を引き起こすことによって強められたり増大したりするだけでなく,また反応が事象の生起を妨げることによって強められたり増大したりすることがある。イヌがお手をしてほめられ,お手ができるようになるのを**正**(positive)**の強化**というのに対し,効きすぎているクーラーのスイッチを押して止めるというような行動は,冷たすぎるクーラーから

	反応が	
	増大する	**減少する**
提示される	お手伝いをしてお小遣いをもらう **正の強化** （好子出現による強化）	いたずらをして叱られた **正の罰** （嫌子出現による弱化）
除去・提示される	頭痛がしたので薬を飲んだら治った **負の強化（回避・逃避）** （嫌子消失による強化）	いたずらをしたのでおやつがもらえなかった **負の罰（省略訓練）** （好子消失による弱化）

反応によって刺激が

図6-13　反応と結果の関係の4つのタイプ
ボックス内の（　）の中は杉山ら（1998）による用語。

の風が停止するという結果によって強められるものであり，**負（negative）の強化**と呼ばれる。この場合の「負」という用語は，刺激の除去，停止を指している。

逆に反応が弱められる場合もある。熱いやかんにさわってやけどをしたら，子どもは以後やかんに用心するようになるだろう。これは**正の罰**（punishment）である。また，子どもがいたずらをしたのでもらえるはずだったおやつがもらえなかった，というような除去による罰を**負の罰**という（図6-13）。

スキナー箱とフリーオペラント法

ソーンダイクの問題箱はネコが外に出たら1回の試行が終わり，次の試行を始めるためにまたネコを箱に入れ直さなくてはならない。これは離散型の試行であるが，それに対し，被験体がいつでもオペラントを自発でき，より現実の世界の随伴性に近づけたものとして，スキナー（Skinner, B. F.）が考案した**スキナー箱**（Skinner box；図6-14）がある。このような実験セッション中，いつでも反応を自発できるようにした方法を**フリーオペラント法**（free operant method）という。図6-14はラット用とハト用のスキナー箱である。

フリーオペラントの方法が開発された後，この方法によってオペラント条件づけの分野でさまざまの研究が行われただけでなくそのテクニックが他分野にも応用されている。

強化子となるもの

強化子は，「反応に随伴させたときに反応が増加し強められるもの」というように機能的に定義される。したがって同じ刺激でも強化子となる場合もあればならない場合，逆に反応を減らし弱める**罰子**（punisher）となることもある（**弱化子**とよばれることもある）。あくまで反応に対する効果によって定義されている。

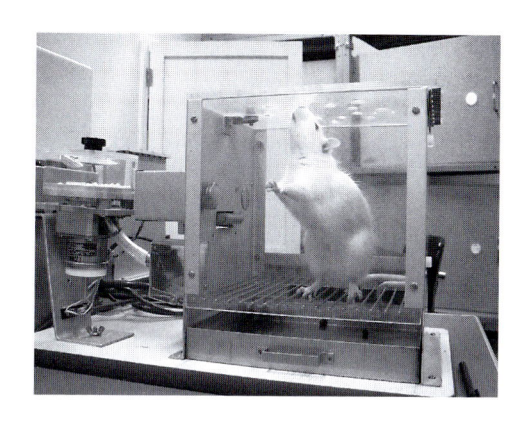

図 6-14　スキナー箱
ラットの場合は前肢で押し下げるレバー，ハトの場合はくちばしでつつくキーとそれぞれに餌を提示する給餌口がある。人を含めて，他のさまざまな動物用のものが考案されている。

しかし、一般に生命を維持するのに必要なもの、水、食べ物、温度、などは強化子となる。また子孫を作ることに関わる刺激、性的な刺激も強力な強化子である。さらに乳幼児の親にとって、子どもの笑顔は強化子である。同じように子どもにとっても親の笑顔、自分に向けられる注意などは強化子となる。

さらにこれらのもともと強化子となる性質を持っているものに対し、経験によって強化子となるものもある。ダイエットに夢中になっている人にとって、体重計の針が軽いほうに振れることは強化子となる。これを**条件性強化子**（conditioned reinforcer）と呼ぶ。

反応形成　スキナー箱でラットに前肢を使ったレバー押しを初めて訓練するとき、未経験のラットが最初からそのような反応をできるわけではない。新たな反応を条件づけるのに用いられる方法が**反応形成**（response shaping）である。

スキナー箱に入れられたラットに対し、始めに給餌装置の作動音の後、すぐに給餌口に向かうようになるまで訓練をする。次に反応形成の第1段階としてたとえばレバーのある壁のほうを向くという反応を強化する。その結果壁を向く反応の割合が高くなったところで、消去（壁を向いても餌を出さない）に入る。すると再びラットの反応の種類が多くなる（消去による反応トポグラフィ（＝反応の形）の幅の増大）。その中からよりレバー押しに近い反応（たとえば壁に前肢を触れる）を選んで強化する、という具合に、現在の反応レパートリーの中から目的とする反応により近いものを順に強化、消去して近づけていく方法を**逐次接近法**（successive approximation）といい、反応形成の有効なテクニックの代表である（図6-15）。

(a) 現在の反応レパートリーの中で形成したい反応に近いものを強化する

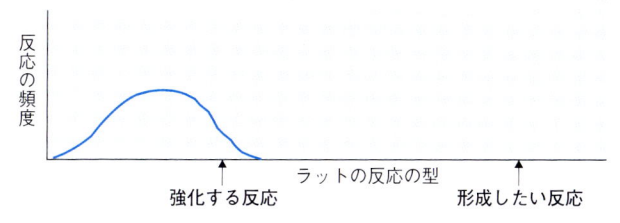

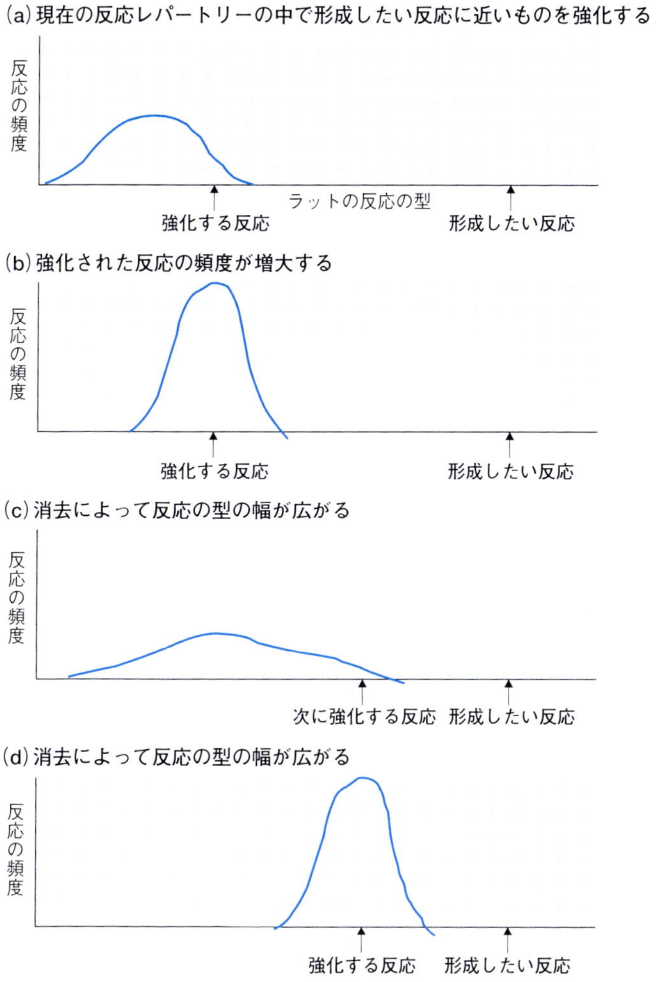

反応の頻度

強化する反応　　ラットの反応の型　　形成したい反応

(b) 強化された反応の頻度が増大する

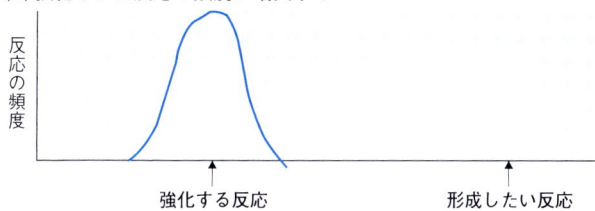

反応の頻度

強化する反応　　　　　　　　　形成したい反応

(c) 消去によって反応の型の幅が広がる

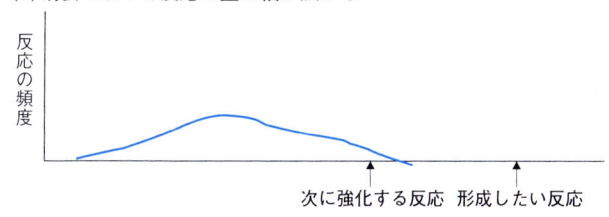

反応の頻度

次に強化する反応　形成したい反応

(d) 消去によって反応の型の幅が広がる

反応の頻度

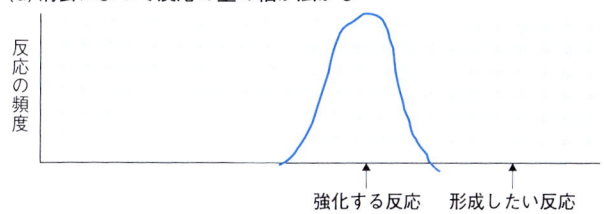

強化する反応　形成したい反応

図6-15　反 応 形 成

現在の反応レパートリーにない反応を形成したいときには，できるだけ近い反応の強化から始め，消去による反応の幅の増大を利用するなどして，次第に目的の反応に近づけていく。

オペラント条件づけ

刺激性制御　オペラント行動をコントロールするのは強化刺激だけではない。そのオペラント行動の弁別刺激も反応をコントロールする。乳児の泣き声（S^D）を聞けば母親（父親）はそばに行って，抱き上げたりおしめを替えたりする。訓練されたイヌは「おすわり」という言葉（S^D）でおすわりをする。街の中の信号や張り紙（例：「ペンキ塗りたて」），街の中で見かけた知人の顔なども弁別刺激となってわれわれの行動に影響を与える。

このような弁別刺激によるコントロールや，先述したCS, USによるコントロールをまとめて**刺激性制御**（stimulus control）という。CSの場合と同じように，S^Dについても般化と弁別の現象がみられる。ある物理特性を持った刺激（たとえば1,000 Hzの音）のもとでオペラント条件づけを行い，その後のテスト試行でいろいろな高さの音に対する反応数を測定する。弁別は異なる刺激に異なる反応をするようになることであり，般化は異なる刺激に同じ反応をすることである。弁別と般化という一見相反する機能を用いて，われわれはこの世界にあふれている刺激を処理しているのである。

弁別訓練を行う手続きには，継時弁別と同時弁別がある。継時弁別では2種類以上の刺激が継時的に提示され，ある刺激のときには強化，別の刺激が提示されているときは消去が行われる。強化時の刺激をS^DまたはS^{D+}と表記し，消去時の刺激をS^{Δ}またはS^{D-}と表記することもある。同時弁別手続きではS^DとS^{Δ}が同時に提示される。

無誤弁別　弁別訓練の初期には，被験体はS^{Δ}に対しても多くの反応をする。この反応は強化を伴わない誤反応である。このとき情動的反応が併発することがある。ハトに継時弁別を行わ

Topic テラスによる無誤弁別の手続き

弁別訓練では，S^D に対する誤反応は情動的な反応を伴うことがあり，これは弁別の獲得過程を遅らせてしまう。テラス（Terrace, 1963）は S^D（赤色のキー）だけの訓練から始め，ときおり5秒間だけ光を消した（図6-16）。ハトは光の消えたキーをつつくことは少ない。次に暗いキーに最初は弱い緑色の光を当て，それを徐々に強くしていった。また時間も徐々に長くしていった。緑色のキーは S^Δ であって消去期間である。このような方法を用いることで，ほとんど誤反応なしで弁別を完成させることができた。これを**無誤弁別**と呼ぶ。またこのように刺激を徐々に導入していく（フェイド・イン），あるいは取り除いていく（フェイド・アウト）方法をフェイディング（fading）と呼ぶ。

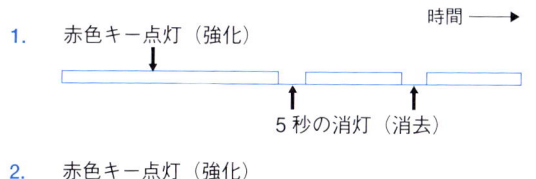

1. 赤色キー点灯（強化）

   5秒の消灯（消去）

2. 赤色キー点灯（強化）

   緑色キーの光を徐々に強く，時間を徐々に長く（消去）

3. 赤色キー点灯（強化）3分連続

   緑色キー（消去）3分連続

図6-16 テラスによる無誤弁別の手続き (Terrace, 1963)

せ，実験箱から隣のハトが見えるようにしておく。すると訓練を行っているハトは$S^\triangle$の時期になると透明な壁越しに隣のハトに盛んに攻撃を加える。このような反応は弁別訓練自体を遅らせてしまう。テラス（Terrace, 1963）はS^D（赤色のキー）だけの訓練から始め，ときおり5秒間だけ光を消した。ハトは光の消えたキーをつつくことは少ない。次に暗いキーに最初は弱い緑色の光を当て，それを徐々に強くしていった。また時間も徐々に長くしていった。緑色のキーは$S^\triangle$であって消去期間である。このような方法を用いることで，ほとんど誤反応なしで弁別を完成させることができた（図6-16）。

このように刺激を徐々に導入していく（フェイド・イン），あるいは取り除いていく（フェイド・アウト）方法をフェイディング（fading）と呼ぶ（p.141 Topic参照）。子どもに箸の使い方を教えるときに，最初のうちは手を添えて持たせてやったり，お手本を見せたりするが，次第に手助けやアドバイスを少なくしていくのもフェイディングの一つである。

2つの条件づけと遺伝的要因

ここまでは2つの条件づけを別々のものとして扱ってきた。しかし，現実の世界では両者は絡み合って作用している。交通事故を起こして車を運転してスピードを出すことが怖くなったとしよう。これは古典的条件づけである。その怖さを避けるためゆっくりとした速度で運転するようになったとしたら，これはそうすることで恐怖を避けるという結果を得る（回避学習）オペラント行動である。また，イヌに「お手！」と言って，イヌがお手をしたら美味しい餌を与えて強化したとしよう。これはオペラント条件

Topic 味覚嫌悪学習

CSとして味覚刺激（例：甘い味）を提示し，USとして薬物やX線などで「気持ち悪さ」を経験させると，被験体はその味を避けるようになる（Garcia & Koelling, 1966）。この現象を**味覚嫌悪学習**（taste aversion learning）という。ガルシアらは，ラットに味のついた水と飲み口をなめると光と音が提示される水を与え，その後X線や薬物で気持ち悪くさせるか，または電気ショックを与えた。電気ショックを与えたラットは光と音の伴う水を避けるようになった（図6-17(b)）のに対し，気持ち悪くさせたラットはその味のついた水を避けるようになった（図6-17(a)）。

手続きとしては古典的条件づけであるが，この条件づけが他と大きく異なるのは，その容易さである。少ない対提示回数で，また長いCS−US時間間隔でも，強い条件反応が起こるようになる。セリグマン（Seligman, 1970）は生得的に「準備された」CSとUSの組合せがある，という意味で**準備性**（preparedness）という言葉を提唱した。動物が毒のある餌を食べて気持ちが悪くなることを何度も経験しなくてはそれを学習しないより，一度の経験で毒のある食べ物の味を避けられるようになったほうが適応的である。この条件づけが特別なプロセスによるものか，他の条件づけと同じプロセスによるがただその強度が強いだけなのかは議論されている。

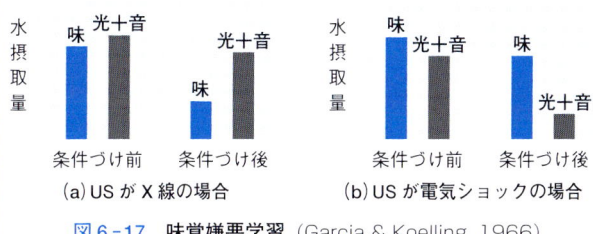

図6-17 味覚嫌悪学習（Garcia & Koelling, 1966）

づけであるが，同時に「お手！」というSDは古典的条件づけによって唾液分泌を引き起こすかもしれない。

🔵 学習研究の展望

遺伝的要因と経験による条件づけとは，従来考えられてきたよりも複雑にからみあっているようである。どちらが重要かという議論ではなく，どのように相互に作用して行動を作り上げているのかを研究していくべきであろう。

一方，学習の研究で得られた知見と技術は，障害児教育などさまざまな分野に応用されて実績を上げている。今後も現実からの要請に答えるような研究がさらに求められていくだろう。

●●● 参考図書

メイザー，J. E. 磯 博行・坂上貴之・河合伸幸（訳）(1999). メイザーの学習と行動 日本語版第2版 二瓶社

学習心理学の詳しい教科書。

今田 寛 (1996). 学習の心理学 培風館

理論の詳細まで紹介している学習心理学の入門書。

実森正子・中島定彦 (2000). 学習の心理——行動のメカニズムを探る—— サイエンス社

本書と同ライブラリの学習心理学の教科書。

佐藤方哉 (1976). 行動理論への招待 大修館書店

オペラント条件づけの魅力を教えてくれる入門書。その内容はいまだ新しい。

杉山尚子・島宗 理・佐藤方哉・マロット，R. W.・マロット，M. E. (1998). 行動分析学入門 産業図書

オペラント条件づけに重点をおいた行動分析学の入門書。

プライアー，K. 河嶋 孝・杉山尚子（訳）(1998). うまくやるための強化の原理——飼いネコから配偶者まで—— 二瓶社

オペラント条件づけが日常生活にいかに適用できるかをやさしく説明している一般向けの解説書。

動機づけ

　動機づけとはわれわれの行動が「なぜ」起こるのかを説明するために考え出された概念である。われわれが特定の行動を起こすまでには、生理的な欲求や、環境の出来事に対する記憶など、さまざまな「力」のようなものが総合的に働いている。実験心理学の観察対象となるのは行動であり、特定の場面で働いている「力」は行動観察の結果から推測される。本章ではこの「力」のようなものを推測するためにどのような研究が積み重ねられてきたかを説明する。

動機とは何か？

動因と誘因　われわれは満腹であれば美味なものを目の前にしても欲しくはならないが、空腹であれば生煮えの豆であっても食べたい。こう考えると、われわれを行動に駆り立てる力には、自分自身の内部から生じてくるものと、外部からやってくるものとがあるように思われる。前者を動因（drive）、後者を誘因（incentive）と呼ぶ。これらが行動を起こす仕組みとして、図7-1のようなモデルが考えられている。動因や誘因の操作に当たる手続きを確立操作と呼ぶこともある。

動機の強さを測る　動機（motive）とは行動の方向を決め、行動を開始、維持、停止させる仮想的な力のことである。動物の遂行行動からこのような力を推測するには、目標達成までに要する時間を測定したり、どの程度の抵抗を乗り越えることができるかを測定したりする。たとえば、マウス（ハツカネズミ）やラット（ネズミ）では図7-2のような直線走路を用いて、出発箱の扉を開けてから動物が外に出てくるまでの時間（潜時；latency）や、出発箱を出てから目標箱に到達するまでの時間（あるいはそれを距離で割った走行速度）を観察する。レバー押しのようなオペラント条件づけを利用した実験では単位時間当たりの反応回数を指標とする場合もあるが、比率累進実験といって、強化子の獲得に必要な反応回数を徐々に増やし、反応頻度の変化や、「いつあきらめるか」（ブレーキングポイント）を調べることもある（p.151 Topic）。

動機の分類　ヒトや動物にはいったい何種類の動機があり、それらはどのような構造に整理できるのだろうか。この問題は20世紀初頭からさまざまに議論されてきたが、結論らしいもの

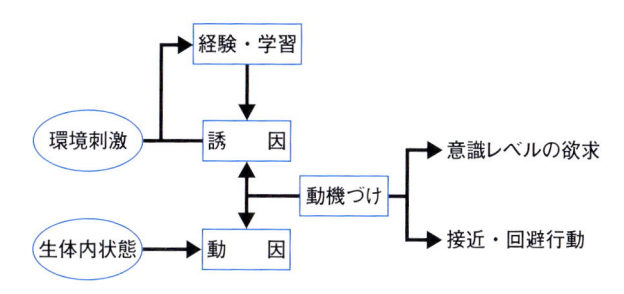

図7-1　動機づけの概念モデル（Atkinson et al., 2000を改変）

生理的欲求から動因信号が発生する。一方，環境刺激は学習経験による記憶と照合される。両者が統合されて誘因動機づけが発生する。ここから意識的な欲求や行動が生じてくる。

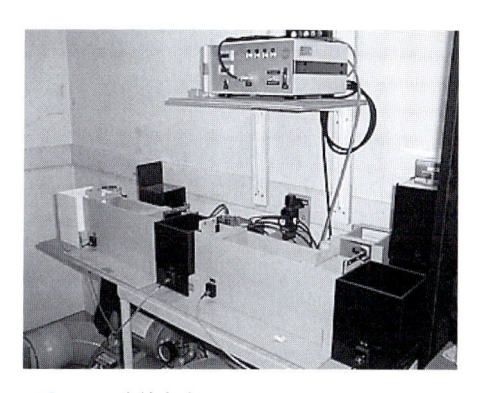

図7-2　直線走路（小原医科産業株式会社提供）

これは筆者らが使用していたマウス用の実験装置である。左奥の白い箱が出発箱，右手前の黒い箱が目標箱で，この中に餌粒が入っている。箱と走路の間には上下にスライドするドアがあり，空気圧で動く。動物の走行速度は走路内に取り付けたフォトビームセンサーを通過した時間で測定する。この装置では，走路の途中にも餌粒の入った箱が置いてある（p.164の「欲求不満」の項を参照）。

は得られていない。本章ではまず各種の動機を個体維持に必要なもの，種族維持に必要なもの，経験によって派生したものの三者に大別し，次に複数の動機間の関係について考える。

個体維持のための動機

個体維持のための動機には摂食，飲水，排泄，保温，睡眠など，体内の環境を一定の水準に保つために必要なものがある。これらをホメオスタシス性の動機（homeostatic motives）という。また，個体から環境に働きかけ，環境から情報を収集する行動も個体維持のために必要である。これらを内発的動機（intrinsic motives）という。

摂食動機　各種のホメオスタシス性動機の中でもっともよく研究されているのは摂食動機である。摂食動機は血糖レベルや脂肪レベルなど，体内の栄養水準を一定に保つ必要から生じる。しかしながら，食物の見かけや香りがわれわれの食欲をそそるように，感覚刺激の質や強さ，過去の経験による学習の要因，社会的な要因なども摂食動機を左右している。

摂食動機を実験的に研究するもっとも基本的な方法は一定時間内に消費した食物量の測定である。これは簡単な実験のように見えるが，手続きに注意を要する。たとえば2種類以上の食物を比較検討する場合，1種類ずつ食物を与えたときと，2種類以上の食物を同時に与えたときとでは逆の結果が出ることがある（Provenza et al., 1996）。

摂食開始・停止シグナル　給餌と条件刺激を対提示すると，条件刺激の提示下で摂食行動が促進される。この促進には大脳辺縁系の一部で，好き嫌いの判断や条件づけ学習に関連が深い扁桃

Topic 比率累進実験による摂食動機の測定

　この実験は，マウスが実験箱の穴をのぞくと餌粒が得られるというもので，餌粒を得るために必要な穴のぞきの回数を5回から始めて徐々に増やした。神経伝達物質の一種であるドパミンの機能を調節する遺伝子を欠いたマウス（ホモ欠失型）を正常なマウス（野生型）と比較した。5分以内にこの回数に到達できなかったらそこでその個体の実験は打ち切る。図7-3の縦軸は到達できたマウスの個体数である（ホモ欠失型は8匹，野生型は6匹で実験を開始した）。結果的には遺伝子欠失の効果はなかったが，実験の一例として示した。

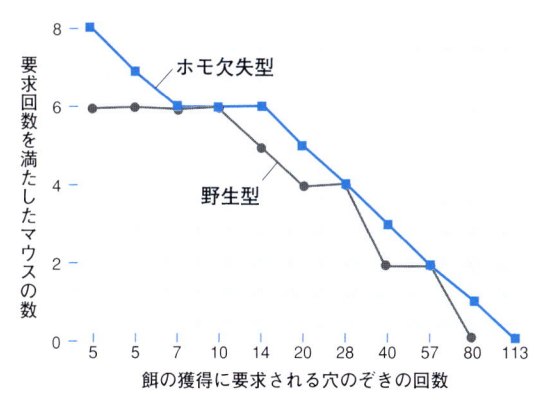

図7-3　比率累進実験の例（Hironaka et al., 2004による）

体と呼ばれる部位が関わっている（Holland et al., 2002）。また，摂食動機は社会的な要因によっても左右される。他人が同席した食事場面では摂食量が増えることが知られている（社会的促進）。しかし，食事行動に問題のある児童を観察した研究によれば，社会的要因とされてきたものの多くは，周囲の人々（主として親）が児童のどのような行動を強化しているかによって説明できるともいう（Piazza et al., 2003）。

内発的動機　ホメオスタシス性の動機には，その発生に先立って体内に欠乏状態があると考えられるが，好奇心や遊びのような行動は先行する欠乏状態を考えにくい。そこでこうした動機を内発的動機と呼んでいる。しかし，内発的に動機づけられた行動が個体の生存に不可欠であることは，脊椎動物が進化の初期段階から自発的に「前へ進む」性質を持っていたと考えられることや（藤田, 1997），感覚刺激の変化をなくすとヒトは正常な精神活動が保てなくなること（感覚遮断）などから明らかである。

好奇動機　新奇性のあるものは強化子としての機能を持つ。レバーを押すとレバー上のランプが2秒から8秒の間点滅するという実験をすると，ラットはかなり頻繁にレバーを押すようになる（Bardo & Dwoskin, 2004）。また，サルは動く映像を見ることを好んでタッチパネルを押す（好奇動機；図7-4）。

操作動機　サルが知恵の輪のようなパズルを好むことは古くから知られていた。手指などの運動によって環境に働きかけ，環境に変化が起こると，そのような手指の使用が強化子となる。これは操作動機と呼ばれてきた。近年，操作動機の重要性が問い直されている。従来の動物実験では，動物は何も遊ぶもののないケージで飼育されており，餌や水も実験条件に従って与えられた。

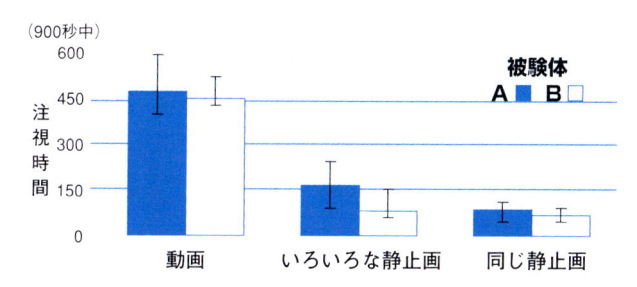

図 7-4　新奇刺激の報酬効果（Blatter & Schultz, 2006）
この実験では，サル（アカゲザルとカニクイザル）がパネルに触ると，4 秒から 16 秒の間（刺激によって異なる）動画や静止画を見ることができるようになっていた。動画（『キングコング』と『インディ・ジョーンズ』）を見ている時間がもっとも長く（左），試行ごとに異なる静止画（中央：おもちゃや自動車，家や植物など）や，毎回同じ静止画（右）の場合はそれほどでもなかった。

このような条件で飼育された動物の行動がはたして動物本来の行動と言えるだろうか。飼育環境の中に豊富に遊び道具を入れ，動物の操作動機を満たすような工夫を**環境エンリッチメント**という（Topic）。環境エンリッチメントが脳の発達を促すことはよく知られており，発達心理学的にも神経科学的にも環境エンリッチメントの研究は重要である。

社会的動機

ハチやアリの行動に典型的に示されるように，動物は時に自己の生存に不利であっても他の個体に奉仕するような行動をとることがある。このような**利他行動**（altruistic behavior）は，自己と血縁関係にある集団の生存可能性（包括的適応度）を高めると考えれば理解できる。動物は種族維持のためにさまざまな社会行動を営む。ここでは性動機と攻撃動機に焦点を当てて，社会的動機について考える。

性動機　動物の性行動は**求愛行動**（courtship behavior）に始まり，受精で終わる一連の複雑な過程である。マウスやラットでは性行動は通常夜間に起こるので，赤外線カメラなどで画像を記録し，後で行動を解析する。ただし，このような画像解析から**性動機**を調べるのは難しい。近藤らはパートナー選好テストという実験で，ラットの性動機に嗅覚が重要な役割を果たしていることを確かめた（Kondo & Sakuma, 2005）。この実験では長さ110 cm，幅12 cm，高さ30 cmの直方体の実験箱を3つの区画に区切り，中央に雌ラット，片方には普通の雄ラット，反対側には去勢した雄ラットを置く。区画の間には直径3 cmの穴があいており，送風装置で両側から雌ラットに雄ラットの匂いが送られる。

Topic 環境エンリッチメントと動物倫理

　環境エンリッチメントは単に動機づけ研究のテーマとして興味深いだけではない。長野県にある研究所では，サルの飼育ケージに図7-5のような網かごを取り付け，餌を食べるときに手指の協調運動を必要とするような工夫をした。かごの上のほうには網を切り欠いた部分があり，サルは金網ごしに1粒ずつ餌をたぐり上げて，切り欠きのところから取って食べる。一見すると餌を取りにくくしただけのように見えるが，給餌という日常作業の中で動物の操作動機に配慮した点が動物実験の倫理面からも高く評価されている。この工夫も一つの要因となって，この研究所は国内で初めて米国実験動物管理認定協会（AAALAC）の認証を受けた。米国ではAAALACの認証を受けない施設での動物実験は認められない趨勢にあり，今後は動物倫理の観点からも動物の内発的動機を重視した環境エンリッチメントへの対応が求められるであろう。

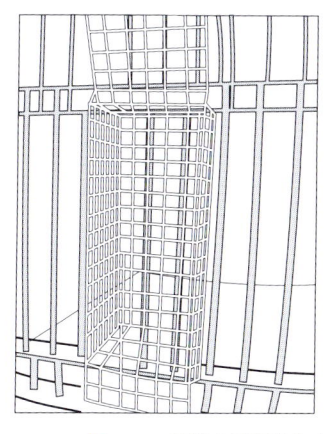

図7-5　手指の協調動作を必要とする給餌装置

5分間にどちらの穴にどれだけ雌ラットが鼻先を突っ込んだかを累積時間として測定する。その結果は図7-6に示すとおり，雌による雄の選好には扁桃体が重要な役割を果たしていることが明らかになった。

哺育動機　親が子どもを哺育する行動は，種族維持のためと考えられるので，その動機は生物学的には性動機に含められる。母ラットが仔に接近する潜時を調べた実験から，**哺育動機**には分娩によるホルモンの変化が重要であることが分かっている（Mayer et al., 1990）。

攻撃動機　**攻撃行動**はさまざまな状況で引き起こされるが，ここでは同種の他個体に対する攻撃行動に範囲を限定する。このような攻撃行動には，なわばりを守る場合や社会的順位を決める場合に見られる闘争，繁殖相手をめぐる闘争，哺育中の親（主に母親）が侵入した他個体に対して行う母性攻撃などがある。

なわばりを守る攻撃　雄マウスを同一環境で2週間ばかり飼育しておくと，その環境が一種のなわばりになる。ここに新しい雄マウスを入れると攻撃行動が起こる。この実験は**レジデント・イントルーダー・テスト**として知られている。動物の攻撃行動には種によって特徴的な要素がある。一例としてマウスの攻撃行動を図7-7に示した。多くの実験では，映像記録を用いてレジデント（居住者）とイントルーダー（侵入者）が出会ってから攻撃行動が出るまでの時間（潜時）や頻度を測定している。

強化子としての攻撃　侵入者に対する攻撃行動は強化子としての機能を持ち，攻撃の機会を得るための他の行動の生起頻度を増やす。フィッシュら（Fish et al., 2002）は，薄暗くしたマウスのホームケージに2つの穴とランプを取り付けたパネルを差し込

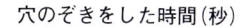

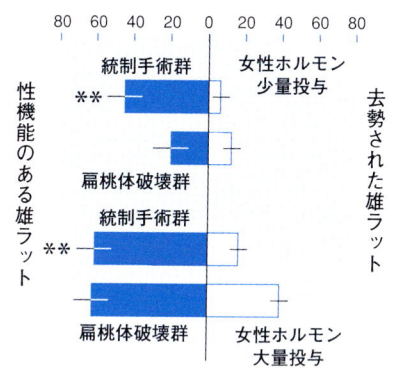

図7-6 雄の匂いに対する雌ラットの選好（Kondo & Sakuma, 2006を改変）
少量の女性ホルモンを投与すると，通常の雌ラットは去勢された雄ラットに比べて性機能のある雄ラットの匂いを好むが（一番上），扁桃体を破壊された雌ラットはこのような選好はない（上から2番目）。大量の女性ホルモンを投与すると雄の匂いに接近する時間は増えるが（上から3番目と4番目），扁桃体が破壊されていると依然として雄が去勢されているか否かによる差は見られない（一番下）。

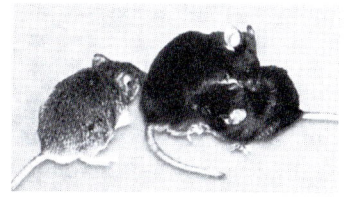

図7-7 マウスの攻撃行動（Crawley, 2000）
立ち上がって殴り合いをするような姿勢や（左），首にかみつく行動（右）などが見られる。

社会的動機

み，ランプが点灯した側の穴にマウス（居住者）が鼻先を10回突っ込めば，ランプが消えてホームケージ全体が明るくなり，実験者がイントルーダー（侵入者）を入れて攻撃の機会を与えるという実験を行った。その結果穴の左右の位置には関わりなく，侵入者を攻撃できる側の穴に対する反応が増え，なわばりを守る攻撃が正の強化になることが示された。

学習性の動機

町で見かけるカレー屋さんやラーメン屋さんの黄色や赤色の看板はいかにも食欲をそそる。これらの色にもともとそういう効果があるのだろうか？　その可能性も否定できないが，多くの場合はこのような色使いの看板と，それらを食べておいしかったという経験の間に連合が形成され，再びその看板を見たときに食欲がそそられるようになったのだろう。このように，経験すなわち学習にもとづく動機が行動を左右する例は多い（第6章参照）。

条件性恐怖　もともと行動を惹起する効力を持たない中性刺激を嫌悪刺激と連合させると，中性刺激が条件刺激（conditioned stimulus）となって行動を惹起する。図7-8に示す条件性回避実験では電撃に先行して提示される光や音など（条件刺激）を停止させる行動が学習される。近年マウスやラットの研究でよく用いられる**条件性恐怖**（conditioned fear）の実験でも，電撃と対提示された環境刺激が本来は電撃で誘発されるすくみ反応（フリージング）を誘発するようになる。

条件性再発　学習性の動機は接近行動も惹起する。薬物依存者は薬物体験と連合した刺激（注射器や薬物を焙るライターなど）を見ると渇望を覚え，この渇望が常習的な薬物摂取を動機づ

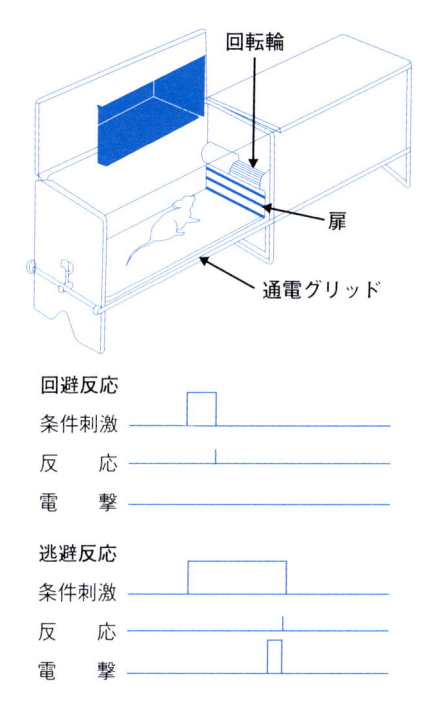

図7-8 条件性回避の実験場面（今田ら，2003による）**と刺激提示の図式**
上図には見えないが箱の天井に電球やブザーを取り付け，条件刺激を提示する。下図に示すように，条件刺激提示中に動物が移動できれば，床から電気刺激を受けることはない（回避反応）。しかし，一定時間内に移動しなければ電気刺激を受ける（逃避反応）。この図では回転軸を回して扉を開けるようになっているが，ハードルのようなものを飛び越えて行くタイプもある。また，実験を自動化するために，向こう側に見える黒い箱の床にも通電グリッドと電球やブザーを取り付けて往復運動させるようにしたタイプ（シャトルボックス）もある。

ける。さきに摂食動機の項で述べたような，条件刺激による摂食の促進も，こうした条件づけの結果として生じたものである。条件刺激は単に行動を制御するだけではなく，体内の生理的な活動をも変化させる（プラシーボ効果；p.167 Topic）。

学習性の動機について考えるときには，条件刺激と条件性強化子（conditioned reinforcer）とを混同しないように注意しなければならない（第6章参照）。後者は行動に随伴して提示され，その後の行動生起頻度を変化させるものであり，完了行動の後に与えられる。それに対して，ここで述べた条件刺激は完了行動が起こる前，予期相に提示されて行動の開始や停止を駆動するものである。

動機間の葛藤

われわれの日常生活を考えると，単一の動機が行動を左右しているとは考えにくく，われわれは常に複数の動機を持ちながら行動していると言えるだろう。複数の動機は，たとえば仕事から給料も生き甲斐も得ている場合などは相加・相乗的に作用するが，給料は高いが仕事は辛いというような場合は拮抗的に作用する。動機間の拮抗的な相互作用を葛藤（conflict）という。葛藤は接近－接近，接近－回避，回避－回避，2重接近回避に大別されている。ここでは接近－回避葛藤に焦点を当てる。

生得的な葛藤　図7-9に示す装置は高架式十字迷路といい，不安の研究によく利用されている（Pellow & File, 1986）。十字型に交差した走路の一方には側壁があるが，他方にはない。この実験では交差点にマウスやラットを置き，5分間に側壁のない走路に出た回数や累積滞留時間を測定する。ここで動物は落下の危険を回避する動機と探索動機（好奇動機の一種）の葛藤状態にある

図7-9 高架式十字迷路（小原医科産業株式会社提供）
実際には動物が体を伸ばして首だけ側壁のない走路に出したり、前肢だけを出したりすることもあるので、どのようなときに「入った」と判定するかを決めておく必要がある。詳しい説明は本文を参照。

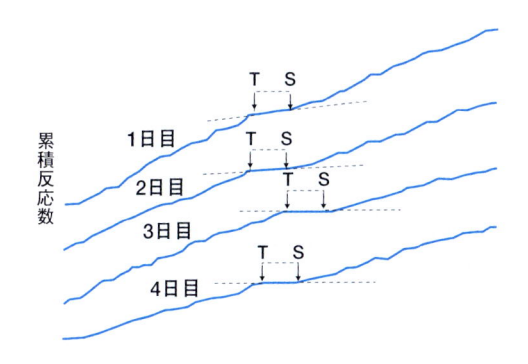

図7-10 条件性情動反応の例（Estes & Skinner, 1941）
この図は累積反応記録といい、傾斜が急なほうが単位時間当たりの反応頻度が高いことを示す。Tの時点で音の提示が始まり、瞬間的な電撃が与えられるSの時点まで続く。図は6匹のラットの平均を4日間にわたって示したものである。訓練が進むにつれて条件刺激提示中のレバー押し頻度が低下していることがわかる。

動機間の葛藤

と考えられる。

学習性の葛藤 オペラント実験箱でレバー押しによる餌取りを訓練した動物を別の実験箱に移し，ここで光や音などの条件刺激と電撃を対提示する。その後オペラント実験箱に戻し，レバー押し中に条件刺激を提示すると，レバー押しが抑制される（Estes & Skinner, 1941；図7-10参照）。これは条件性情動反応（conditioned emotional response）と呼ばれ，電撃回避の動機と摂食動機の葛藤状態を示すと考えられる。なお，別の実験箱に動物を移すのではなく，オペラント実験箱内で条件刺激提示中の反応に餌と電撃を同時に与える実験手続きもある（Geller & Seifter, 1960）。条件性情動反応は不安の研究法として生理学や薬理学に応用されたばかりでなく，古典的条件づけの理論を検証する手段としても多用されてきた。

動機づけ研究の発展

動機づけの研究は心理学ばかりでなく，生理学，薬理学，精神医学など関連諸領域への応用可能性も広い。いくつかのトピックに焦点を当ててその発展性を概観したい。

学習性無力 逃避不能の電撃を経験した動物は，その後逃避や回避が可能な状況に置かれても逃避も回避もしない（図7-11）。セリグマンはこの現象を学習性無力（learned helplessness）と名づけ，ヒトのうつ状態に近いものであると考えた。その後の研究で，学習性無力とは嫌悪事態に特異的な現象ではなく，たとえ正強化を用いた場合でも，行動の結果として生じる事象が自力で制御できない場合，その行動を起こす動機が全般的に低下することが確かめられている。

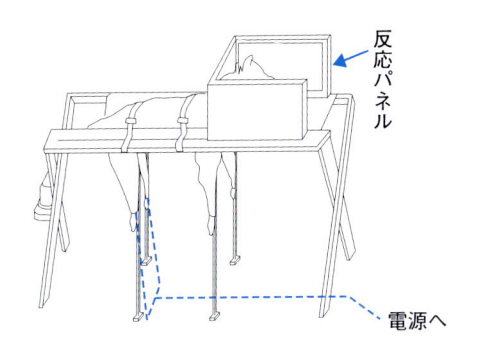

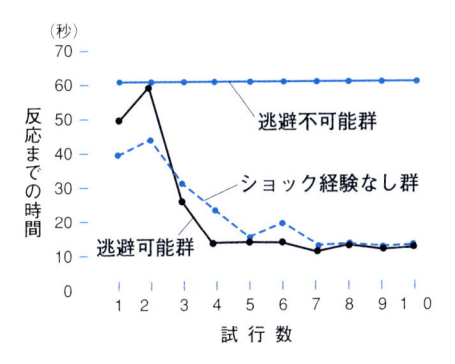

図7-11 　セリグマンらの学習性無力実験（今田ら，2003による）

上図のような装置で被験体（イヌ）の脚に電撃を与える。逃避可能群は首を左右に振れば自力で刺激を止めることができるが，逃避不可能群は逃避可能群の個体とペアにされていて，自力では刺激を止められない。その後，シャトルボックス（図7-8参照）で回避学習を行わせると，逃避不可能群の反応時間はずっと60秒のままである。これは動物が反応しないために60秒で試行を打ち切ったもので，このようにカットオフのあるデータを反応時間として他群と同一の縦軸に示すのは適切とは言えない。また，逃避不可能群はじっとしていればいずれ刺激は止まるという新たな学習をした可能性もある。しかし，学習性無力の概念は非常に重要である。

ストレス　温熱，寒冷，騒音，振動などの刺激が持続的に与えられると生体の恒常性維持機構が脅かされる。このような刺激を**ストレス刺激**（**ストレッサー**），その結果として生じる反応を**ストレス反応**という。ストレスという言葉の使い方は混乱した状況にあり，われわれはあくまで刺激と反応の関係を調べていることに留意する必要がある。物理的刺激ばかりでなく，予測不可能な事象や対処不可能な事象はストレッサーになる。古い研究ではストレス反応として胃潰瘍の重症度が調べられたこともあったが，近年では自律神経系の活動やホルモンを測定することが多い。行動の面ではストレス反応としてオープンフィールドでの活動性の低下や摂食動機の低下が見られる。アルコールの摂取が増加することも動物実験で確かめられている（Funk et al., 2005）。

欲求不満　行動に随伴した正強化の提示を突然やめると，一過性に反応が増加する。自動販売機が故障して商品が出なかったとき，思わずドンドンと機械をたたいたことのある人もいるのではなかろうか。アムゼルらは図7-12に示すように，途中にも餌箱を置いた直線走路を用いて走行訓練をした後，途中の餌箱（第1目標箱）の餌を抜くと，走路後半の走行速度が増加することを見出した（中谷，1997による）。つづいてアズリンら（Azrin et al., 1966）は，ハトを用いたオペラント条件づけの実験により，強化の停止に伴って他の個体に対する攻撃行動が出現することを確かめた。したがって予測された報酬が存在しなかった場合の行動促進は，一種の攻撃行動と考えることができるであろう。

嗜癖　餌が低頻度で間欠的に提示されるとき，餌皿に隣接して水の飲み口があると高頻度の飲水行動が起こる。これをスケジュール誘発過飲という。磯らはこの手続きを用いてラットに

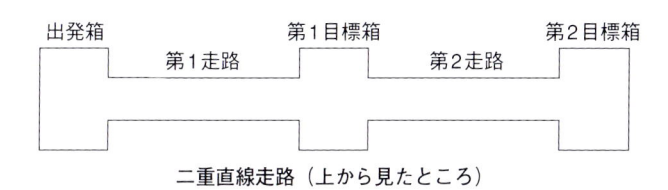

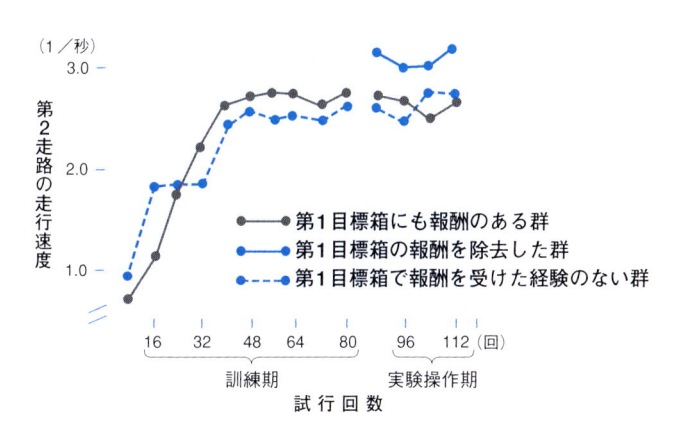

図7-12 アムゼルらが欲求不満の実験に用いた装置とその実験結果
(中谷，1997)

直線走路の中央に餌箱があるが（第1目標箱），終点（第2目標箱）でも餌がもらえる。走行訓練期には統制群を除いてどちらの目標箱にも餌を置いておく。安定した走行ができあがったところで，第1目標箱に餌を置いた場合と置かない場合を比較すると，これまでは餌があったのに，この段階で餌がなくなった群の第2走路走行速度が速くなっていることがわかる。

通常では起こりえないような大量のアルコールを摂取させることに成功した（磯，1997）。スケジュール誘発過飲に類似した行動は飲水以外にも見られ，これまでに攻撃，輪回し，身づくろいなどが知られている。この行動は嗜癖的な動機を研究するために有用な手段であると考えられる。

　以上，いくつかの話題をとりあげて動機づけ研究の発展性をさぐってきた。その発展を支えるためには，基礎的な行動実験が確立していることが何よりも重要である。そのためには独立変数と従属変数の明確化，適切な比較対照の設定と実験パラメータの予備検討など，実験心理学的な配慮が欠かせない。

Topic　プラシーボ効果

　プラシーボ（placebo）とは「喜ばせる」というラテン語に由来する言葉で，生理活性のない化学物質が治療効果を発揮することをいう。新薬の臨床試験では対照群の実験協力者に本物の薬（実薬という）と見かけも形もまったく同じ偽薬を与え，実薬に**プラシーボ効果**を超える効果があるかどうかを調べる。どの実験協力者が実薬を与えられ，偽薬を与えられているかは，コントローラーと呼ばれる実験管理者だけが知っており，実験協力者はもとより医師も知らない。手の込んだ治療法ほどプラシーボ効果が大きいという。すなわち，錠剤よりも注射，さらに注射よりも手術のほうが大きな治療効果を示す。プラシーボ効果とは単に主観的に「良くなったような気がする」ということではなく，客観的に見ても，さらには臨床検査値や腫瘍の大きさなどのような測定値標にも改善が見られるのである。

Topic　タバコの値段

　日常生活の中で習慣化している行動には，嗜癖的な様相を帯びているものがある。たとえばコーヒーを1日に何杯も飲んだり，携帯電話のメールを頻繁にチェックしたりする行動などがその例である。嗜癖的な行動には「やめたくてもやめられない」とか「はじめよりも頻度や従事時間が増加する」といった特徴がある。

　筆者はタバコに対する摂取欲求を定量的に観察しようと試みたが，日常生活に干渉せずに実験場面を導入することはなかなか困難であった。そこで，予備的な知見を得るために，成人大学生喫煙者12名に2週間にわたって生活の記録を求め，「きょう1日であなたがタバコを吸いたいともっとも強く思ったとき，お金をあげるから我慢して下さいと言われたら，いくらなら取引きできたと思うか」を毎日記録してもらった。予備調査によれば当該大学の喫煙率は約14パーセントで，この人数は「ほぼ毎日ゲームをする人」に相当した。そこで，このような常習的ゲームプレイヤー11名にも同様の記録を求めた。その結果は図7-13に示すように，タバコもゲームも1000円を最頻値とする分布を示し，中央値も1000円であった。ただし，図の横軸は対数尺度である。金銭に換算したときの人間の価値観は等比級数的なのかもしれない。またタバコの場合は極度に高額の回答が散見され，これが嗜癖的な摂取欲求を示しているのかもしれないと考えられた（廣中，2005；データは既出，図は新たに作成）。

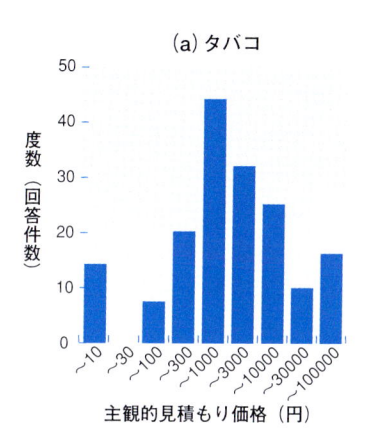

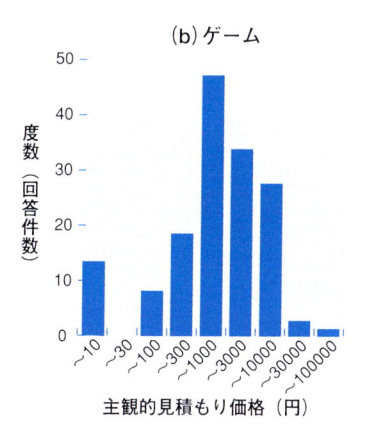

図 7-13　嗜癖的行動の対象に対する価値評価

🔵🔵🔵 参考図書

日本行動科学学会（編）(1997)．動機づけの基礎と実際——行動の理解と制御をめざして——　川島書店

　日本の代表的な研究者が動機づけの理論，動物の行動，人間の動機づけの諸問題について包括的かつ多角的に論じた本である。オリジナルな研究例も多く，動機づけについて知るには必読の文献と言える。

デカタンザロ，D. A.　浜村良久（監訳）(2005)．現代基礎心理学選書5　動機づけと情動　協同出版

　主に進化生物学的な観点に立って動機づけの機構を説明している。摂食動機や性動機に加えて怒り，幸福，愛などさまざまな問題が論じられている。

今田純雄（編）(1997)．現代心理学シリーズ16　食行動の心理学　培風館

　摂食動機行動について生理心理，発達心理，学習心理，社会心理，臨床心理の各方面から総合的に解説した本。専門書ではあるが記述は簡潔で分かりやすい。

ダイアモンド，J.　長谷川寿一（訳）(1999)．セックスはなぜ楽しいか　草思社

　性動機の起源を進化生物学的に解説した本。

情　　動

　喜怒哀楽ほどわれわれに身近でありながら研究しにくいものはない。感情すなわち情動は，まず第1に主観的な体験と切り離せない。第2に実験室で実験協力者が体験する喜怒哀楽はけっして本物ではない。第3に人間と同じような情動を実験動物で再現できるかどうかは定かではない。このような理由で，情動の実験心理学的研究はきわめて困難であった。しかし，先人の努力によって少しずつその発生機構や機能が明らかにされつつある。

情動の研究法

術語の問題　感情，情動，情緒，気分など，ほぼ同じ内容を表すさまざまな言葉がある。これらの言葉はどのように使い分けられているのだろうか。一般的には，感情（feeling）は生体にとって何らかの価値を持った刺激に対する複合的で幅広い反応を示し（Atkinson et al., 2000），主観的な意識体験を含む。情動（emotion）は，誘発刺激が比較的はっきりしており，身体反応を伴い，持続時間の短い強い感情とされる。情緒は情動と同義であるが，訳語として登場した時代が古い。また，気分（mood）は情動よりも持続期間が長く，さまざまな情動反応の基調となる安定した心理状態を指すことが多い。

主観的反応　情動に意識体験が含まれる以上，実験協力者に尋ねる方法を無視することはできない。しかし，実験協力者の内観報告をありのままに受けとるだけでは随想の鑑賞と異ならず，意味ある知見が得られるとは考えられない。データとして内観報告を採用するからには，それを刺激に対する反応の枠組みでとらえ，同一の実験協力者が同一状況にあれば，同じ刺激に対して同じ反応が得られること，また，誰が解析しても同じ結果が得られることを保証する必要がある。一連の形容詞対を評定させるセマンティック・ディファレンシャル法（SD法）（大山ら，2005）はこのような条件を満たす方法の一つである。情動語の基本構造を推測するため，SD法のデータを因子分析した研究や，各種の情動語に対して多次元尺度構成法を適用した研究が行われている（吉田，1981）。それらによれば情動語は，①快適②怒り・嫌悪③驚き・ためらい・好奇心，という3つのクラスターを作っていたという。

- 驚愕は，眼や口を大きく開き，眉を上げて表されますか？
- 恥は，赤面を起こしますか？ とくにその紅潮は身体のどれほど下部にまで及びますか？
- 憤激し，または嘲笑するときには，眉をひそめ，身体や頭部を立て，肩を怒らせ，こぶしを握りますか？
- 上機嫌のときは，眼の下および周囲の皮膚に少ししわができ，口の両端が少し内に引き締められ，眼は輝きますか？
- 軽蔑は，唇のかすかな突起，およびかすかな呼気を伴って鼻が上を向くことで示されますか？
- 嫌悪は，下唇を下に向け，上唇をやや上げ，嘔吐の発作が始まるときのような，または口から何かを吐き出そうとするような，急激な呼吸によって示されますか？

図 8-1 **ダーウィンの質問紙**（Darwin，1872；浜中訳，1931 より抜粋。図に例示した語句には若干手を入れてある）

科学的な情動の研究は進化論で有名なチャールズ・ダーウィン（Darwin, C. R.）に始まる。ダーウィンはヒトの表情が動物の行動に起源を持つものだと考えた。そこでダーウィンは上に例示したような質問を 16 ほど作り，非ヨーロッパの文化と接している伝道師などに託した。多くの調査報告を得て，ダーウィンは基本的な情動表現は民族や文化を越えて共通であると考えたが，文化による微妙な違いにも言及している。

行動観察　ヒトや動物が特定の刺激に対して特徴的な行動を示すとき，このような行動は情動研究の手段として使える。たとえばヒトの新生児は味覚刺激に対して特有の表情を示す。このような反応はマウス（ハツカネズミ）やラット（ネズミ）にも見られ，さらにハエにさえも見られるという（図8-2）。刺激に対する特有の反応は味覚に対するものだけではない。恐怖を起すような刺激（たとえば痛みを伴うもの，侵害刺激と呼ぶ）に対してマウスやラットは排尿，脱糞，すくみ行動（フリージング）など，さまざまな反応を示す。ネコやイヌには特有の闘争姿勢や逃走姿勢がある。このような反応はある程度生得的に決まっていると考えられる。われわれは日常体験から，ヒト特有の姿勢から情動をある程度推測できることは知っているが，その妥当性や検出感度を評価した研究はまだ少ない（Pitterman & Nowicki Jr., 2004）。

表　情　ヒトを含む霊長類は視覚系と表情筋がよく発達しており，情動状態は表情によく表れる。神経科学的にも顔の認知は特異であり，さらに恐怖や怒りの表情は，その顔が誰の顔であるかというような知的な情報とは別の次元で処理されることが分かっている（Adolphs et al., 1994）。

エクマンらは図8-3に示すような顔刺激を用いていろいろな民族に表情の判定を行わせ，表情のカテゴリーには民族間の差はなく，したがってヒトの基本情動は生物学的な基盤を持っていると主張した（Ekman et al., 1987）。ただしこのテストは「この顔は何の表情を示していますか」という質問ではうまくいかず，「怒りを表す顔はどれですか」と，あらかじめ回答のカテゴリーを示す必要があった。また，日本人では「恐怖」「嫌悪」「怒り」の判定成績が低く，民族や文化による違いは無視できないようである。

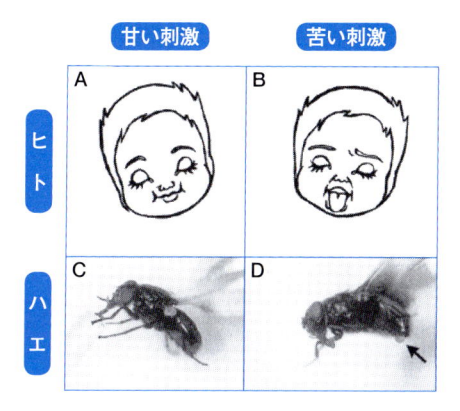

図 8-2 **味覚に対するヒトとハエの反応**（尾崎ら，2003）
A はヒトの新生児に野菜スープを与えたとき，B はキニーネ溶液（苦い）を与えたときの表情。C はクロキンバエの唇弁にショ糖溶液を与えたとき，D は D-リモネン溶液（柑橘類の皮に含まれ，昆虫にとっては毒）の反応である。

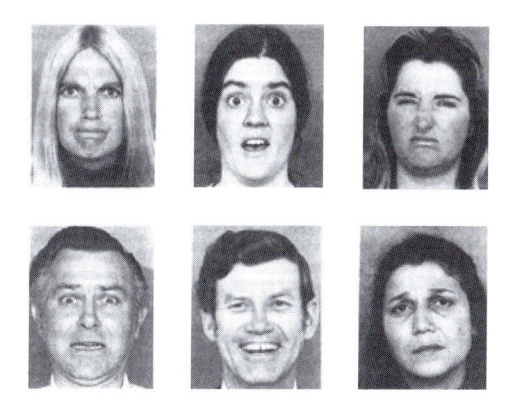

図 8-3 **エクマンらが表情の判定課題に用いた刺激**（Ekman et al., 1987）
上列は左から怒り，驚き，嫌悪，下列は左から恐怖，喜び，悲哀を表すとされる。

行動実験成績　悲しみや怒りにとらわれているときには勉強などできないであろう。情動は学習，記憶，注意などさまざまな認知課題の獲得や遂行行動に影響を与える。それならば考えを逆にして，認知課題の学習成績や遂行から情動状態を推測することができるのではないだろうか。

ところが実際に調べようとしてみると，情動と行動実験成績の関係はそれほど単純ではなく，情動状態によって実験結果が左右されることが確認されている課題は少ない。その一つが**ストループ課題**（Stroop task）である。この課題ではいろいろな色（赤，黄，緑，青の4色が多い）で単語を表示し，その色を答えさせる。実験協力者にとって「気になる」単語に対する反応時間は遅い。いろいろな写真を見せることによって気分の誘導を試みた研究では，もともと不安傾向の高い実験協力者に快気分を誘導すると喜ばしい単語（成功，安心，自信など）に対する反応時間が増加し，不快気分を誘発すると不安に関連する単語（失敗，病気，絶望など）に対する反応時間が増加したという（Richards et al., 1992；図8-4）。一般に，現在の気分と一致する情報が選択的に処理される傾向を**気分一致効果**（mood congruent effect）という。

では，どのような情報が選択的に処理されるかを調べることによって情動状態を推測できるのではないだろうか。現状では見るべき成果があがっているとまでは言い難いが，臨床的に問題があると診断される人にストループ課題を施行することによって，どのような注意の偏りがあるかを調べる研究は行われている（Williams et al., 1996）。

精神生理学的指標　血圧，心拍数，皮膚電気抵抗（GSR）などの**精神生理学的指標**は，情動研究でさかんに用いられてきた。

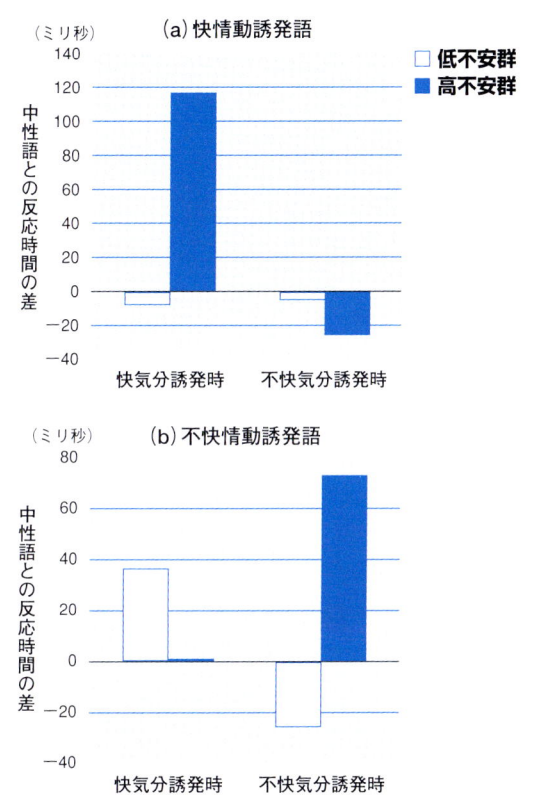

図8-4 ストループ課題で見られたムード一致効果 (Richards et al., 1992)
実験協力者に不安に関連した単語や喜ばしい単語を4色のいずれかで提示し、実験協力者に色名を押しボタンで答えさせる。反応時点まで単語の提示は続いている。図の縦軸はそれらに対する反応時間と中性語(材料、動詞、気候など)に対する反応時間との差である。実験協力者はSTAIという質問調査によって高不安群と低不安群に分けられている。実験協力者には「新聞写真の影響を調べる実験です」と偽り(もちろん後で本当のことを言う)、喜ばしい写真と不快な写真を提示し、その程度を評価してもらい(これが気分誘導操作)、その後ストループ課題を実施する。

これらは主に交感神経系と副交感神経系から成る**自律神経系**（autonomic nervous system）の機能を反映するものと考えられている。図8-5に古い研究ではあるが，各種の精神生理学的指標値について怒りと恐れの違いを調べた研究例を示す。

このような研究には困難も伴う。実験室では真の情動体験を起こすことは不可能であり，極端な情動体験を実験協力者に起こす操作には倫理的問題もある。実験可能な操作で起こる生理的変化は当然非常に微弱なものである。また，身体の生理的変化と情動体験との間に一対一の関係があるとは，今日では考えられていない。

それでも最近，非侵襲的な脳機能解析法が進歩してきたことから，事象関連電位，近赤外線スペクトロスコピーなどの技術が情動研究に応用される機会が増えてきている。また，生化学的指標の利用も盛んになるであろう。心理学の研究では医師の協力を得て脳脊髄液や血液を使う場合もあるが，心理学者にとって使いやすい生体試料は尿か唾液であろう。近年，唾液を使って各種の化学物質を分析する方法が進歩している。

たとえば，ストレスで分泌されるコルチゾール，交感神経系の活性を反映すると考えられるアミラーゼ活性，免疫機能の指標であり，これもストレスと関連すると考えられている分泌型免疫グロブリンA（IgA），脳内で作用する神経伝達物質ノルエピネフリンが代謝されてできた物質（MHPG）などが唾液試料から測定でき，情動研究に応用されている（岡村ら，2004）。

情動喚起法

これまでは情動の計測に焦点を当ててきたが，ここでは実験的

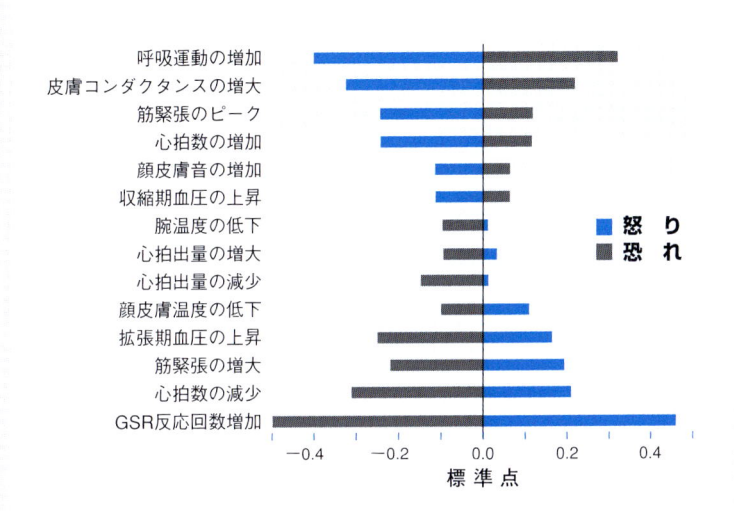

図 8-5　怒りと恐れに伴う精神生理学的変化（Ax, 1953 ; 濱ら, 2001 より引用）

横軸は基準レベルからの変化を標準化したものである。この研究では本文中に述べたようにかなり強烈な情動反応操作を行っている。彼らはジェームズ=ランゲ説の実証を目指し、少なくとも恐怖と怒りについて身体反応のプロフィールが異なることを示した。

に情動を喚起する方法について考えよう。アックスが恐れの症状を研究した頃には、実験協力者に「軽い電気刺激がきます」と言っておいて、「実験装置が壊れた。大電流が流れる！」と実験者（サクラ）が飛び込んでくる、というような大胆な操作も行われた。しかし、今では倫理的な配慮からこのような実験は行われない。実験操作はおのずと微妙になり、それに伴って、前述のように、感度の高い測定方法が求められるようになった。

視覚刺激　美しい花や夕景はまず視覚刺激として快感情を喚起する。現在、600種類もの写真を快―不快、覚醒―沈静の2次元に配置した視覚情動刺激写真（IAPS）が心理学のみならず脳科学や精神医学の分野でも情動研究に広く使用されている。しかし、IAPSの内容が漏れてしまうと、実際に研究に使用するときに効果があげられない恐れがあるので、内容は公開されていない。使いたいときにはフロリダ大学の情動・注意研究センター（CSEA）に所定の方式で申し込む。ただし、営利機関や学生からの問合せには応じていない。

　色も情動を喚起する。SD法を用いて色が喚起するイメージを調べた研究によると、赤や青に対する印象には日本、米国、台湾でよく一致している。また、驚くべきことに、図8-6に示すように緑と「郷愁」という言葉、青と「平静」という言葉が誘発する印象はほとんど同じである（p.67 Topic「形の象徴性」も参照）。

聴覚刺激　音も情動を喚起する。上述のフロリダ大学では音刺激のライブラリも作成しているが、こちらは写真ほどは普及していない。音楽が喚起する印象もさまざまに研究されているが、聴覚刺激としての科学的な吟味が不十分なものも多い。音響を構成する周波数成分を調べた研究によれば、音が喚起する情動には

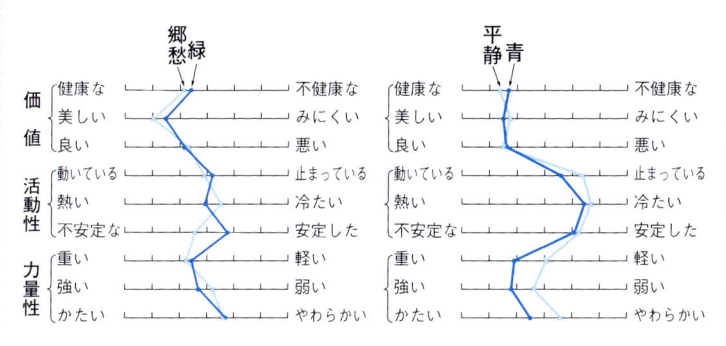

図 8-6　**緑と青が誘発する印象**（大山，1994）

実験協力者は 145 名の女子短大生。この他にも，怒りは赤，橙，青緑，愛は緑，黄緑，白，不安は青紫，恐怖は赤，青紫，緑青などとかなり一致している。こうした印象が文化の影響で形成されるものか，生物学的な基盤を持つものかを考えるのは興味深い。

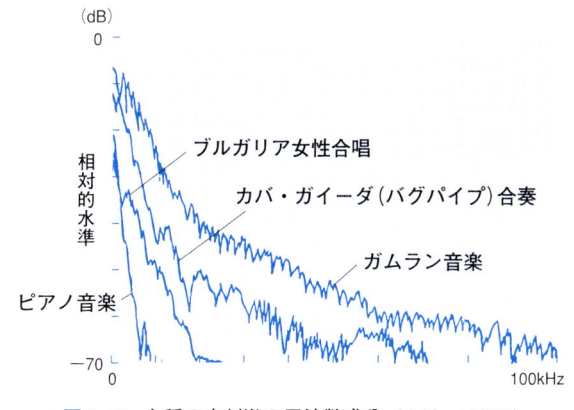

図 8-7　**各種の音刺激の周波数成分**（大橋，1997）

人間の可聴域の上限は約 20kHz である。ブルガリアの女性合唱はほとんどこの上限まで使っている。ところが，可聴域を超える周波数帯まで記録できるデジタルレコーダを開発し，パワースペクトル分析を行うと，神秘性，陶酔性をもたらすカバ・ガイーダ（ブルガリアの民俗楽器）やガムラン音楽は可聴域外の高周波成分を豊富に含んでいることが明らかになった。

情動喚起法　181

可聴域を越える周波数成分が関与している可能性がある（図8-7）。

その他の感覚刺激　触覚刺激について，コンニャクや錬ったメリケン粉が不快を喚起し，びろうどや毛皮が快を喚起するという知見がある（濱，2001）。しかし，触覚刺激の印象がどのような成分から成り立っているのかは明らかではない。痛覚刺激は常に不快情動を喚起するが，痛覚の感じ方は情動状態によって異なる。不快情動は覚醒水準が低いか中等度の場合に痛覚を強めるが，覚醒水準が高いと逆に痛覚を弱める。快情動は覚醒水準に関わりなく痛覚を弱める（Rhudy & Williams, 2005）。嗅覚刺激は快―不快の情動を喚起する場合が多いが，何の匂いであるかという言語的ラベリングやイメージ，民族や文化によって喚起される情動は大幅に異なる（松田，2000）。味覚刺激では，甘味が快情動を喚起し，塩味は適度な濃度の場合に快となる。苦味は生得的に不快を喚起するが，複雑な嗜好を生みだす役割も果たしている（松田，2000）。

言語刺激　「血」「侮辱」などの言葉は何らかの情動反応を喚起するが，「山」「挨拶」などはそうではない。前者を情動語，後者を中性語と呼び，その違いはいろいろな研究で使われている。しかし実際にどのような単語が情動語であるかを確認した研究は少ない。オートニーら（1987）は500近い英単語を調べ，単語を情動語の範疇に入れるためには，①生理的・外的な事象ではない，②明確な状態である，③行動や認知ではなく，突発的な事象でもなく，情動状態を表す，という3点が必要であると述べている。単語の情動語としての特性を調べた研究は重要であり，日本語での研究の進展が期待される。特定の場面を思い起こさせるイメージ操作も情動を喚起することが知られているが，その有効性などに

Topic 甘え ── 文化と情動

　感情が社会や文化によって規定されるかもしれないと考えるときに，よく引き合いに出されるのが日本語の「甘え」である。「それは君の甘えではないか」とわれわれはよく言う。しかし，「甘え」に相当する単語は英語にはない。それでは「甘え」の意味するところが米英人に分からないかというと，そんなことはないらしい。エヴァンスは甘えを「他人に完全に受けいれられているという自覚から来る安心感の一種」と説明している。ルドゥは土居健郎の本を引用しつつ，甘えを「他人が自分を愛していると推定すること」あるいは「他人の好意を自分のほしいままに利用すること」と説明している。われわれから見ればこれらは「甘え」とは少し外れているような気がするし，筆者が英語を翻訳した時点で，すでに彼らの想定した意味とは異なるニュアンスになっていることもあり得るが，果たして「甘え」は世界共通に理解できる情動なのであろうか。一方，エヴァンスはエクマンにしたがって6種の基本情動を想定したうえで，社会・文化に規定される高次の認知的感情として「愛」「罪」「恥」「当惑」「プライド」「ねたみ（envy）」「そねみ（jealousy）」を挙げている。彼ら米英人に「甘え」が分かりにくいように，われわれ日本人にはエンヴィとジェラシーの違いは分かりにくい（LeDoux, 1996；Evans, 2001）。

関する研究は端緒についたばかりである。

情動と認知

情動理論　意識的な情動体験がいかにして生じるかについては，いまだに定説はない。19世紀末，ウィリアム・ジェームズは血管や骨格の活動が脳にフィードバックされて情動体験を生じると主張した（**末梢起源説**）。この説は実証的な証拠から導かれたものではないが，ジェームズがこのように考えた背景には，当時，脳には感覚と運動の中枢しかないと考えられており，情動の由来を末梢に求めるほかなかったという事情があるという（藤波，2005）。次いでキャノンとバードは大脳皮質から皮質下領域にかけられている抑制が解除されることが情動表出と情動体験にとって重要であるとした（**中枢起源説**）。その後シャクターとシンガーは，末梢からの信号は重要であるものの，漠然とした覚醒水準の上昇しかもたらさず，それによって感じる情動体験が快か不快か，あるいはその他のものであるかは認知による一種のラベリングによって決まると唱えた（**2要因説**）。図8-8にはこの説を支持したという実験状況を示している（濱，2001による）。

情動と意識　認知的な構えは情動表出や体験に影響を与える。たとえばラザルスは同じ映画を見せられたときでも，あらかじめ否定的なコメントを与えられた実験協力者のほうが肯定的なコメントを与えられた実験協力者よりも大きな皮膚電気抵抗の変動を示すことを報告している（Lazarus & Alfert, 1964）。

しかし，情動体験の成立には顕在的な意識は必要ないという見解も強く，実験的な証拠も得られている。その一つは，閾下感情プライミングという現象である。この実験では，実験協力者に気

図 8-8　ダットンとアロンの吊り橋実験（Dutton & Aron, 1974）

ダットンとアロンはこのような吊り橋と，固定された橋それぞれにおいて，渡ってきた男性を実験協力者としてキャッチし，若い女性の実験者が実験協力者を呼び止めてダミーとなる調査を実施し，「後日，結果を知りたければ電話してください」と教示して，何名の実験協力者が反応してくるかを調べた。固定した橋では 12 パーセント強の人しか電話してこなかったが，吊り橋では 56 パーセントの人が電話してきた。ダットンとアロンはこの結果を，吊り橋を渡った不安に起因する生理的覚醒を，実験者に対して好意が生じたためだと「誤解」したことによると考えた。この実験はシャクターとシンガーの 2 要因説を実証したものとされている。

づかれないほどの短時間(数ミリ秒程度)笑顔や怒り顔などの表情写真を先行提示し,その後図形などの刺激に対する好悪判断を求める。その判断は先行提示された表情によって変わるという(Murphy & Zajonc, 1993)。大平も同様の現象を見出しており,閾下提示された表情が確かに情報処理されていることは,実験協力者のまばたきを測定すれば分かるという(大平, 2002;図8-9)。

もう一つは,左右に分かれた大脳半球のいずれかに損傷がある患者が示す半側無視という症状である。このような患者に,たとえば普通の家と炎が出て燃えている家の絵を提示する。患者はその2つの絵の違いを認知できないが,「どちらの家に住みたいですか?」という問いに対しては炎の出てない家を選ぶのである(本ライブラリ第14巻『生理心理学[第2版]』p.195参照)。

情動と身体活動　近年,顕示的な認知なしに生じる情動体験において,身体運動の果たす役割が重視されている。その古典的なものがトムキンスの顔面フィードバック仮説(facial feedback hypothesis)である。トムキンスは顔面筋から脳に入力するフィードバックが情動体験の主たる要因であると唱えた。その後ストラックらは図8-10に示すように,実験協力者にペンをくわえさせて人工的に笑顔を作ると,そうでない場合よりもマンガを面白いと評定することを見出した。彼らは表情ばかりでなく姿勢も情動体験に影響を与えるという実験結果を報告している(Cornelius, 1999による)。

情動研究の展開

応用心理学的側面　情動研究が発達,社会,臨床など心理学

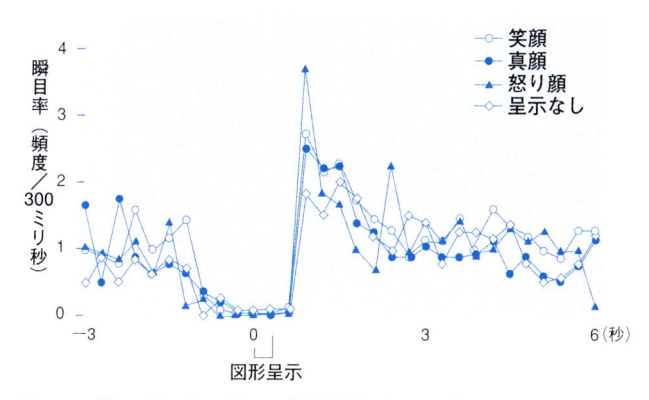

図 8-9　閾下感情プライミング課題遂行中のまばたき（大平, 2002）
大平は笑顔, 真顔, 怒り顔を閾下提示したのちに, ランダムな図形に対する好悪判断を求めた。この実験では笑顔の提示による効果はなかったが, 怒り顔の提示によって非好意的判断が増加し, 反応時間も遅くなった。怒り顔提示直後には瞬目率（まばたきの頻度）が増えており, 情報処理の負荷が大きかったことを示している。

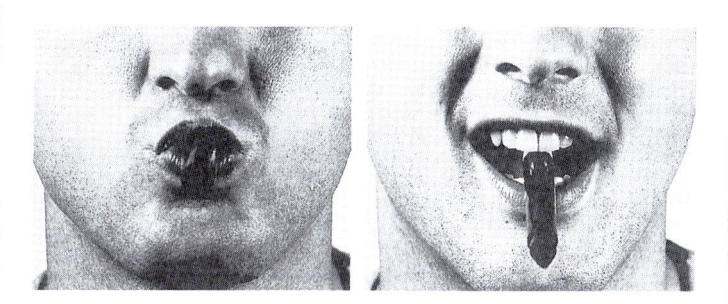

図 8-10　顔面フィードバック仮説の実験（Cornelius, 1999）
前歯でペンをくわえるように教示すると, おのずと微笑した顔になる（右）。このとき実験協力者は自分がこういう表情をしていることに気づいていない。それでも普通の顔（左）の場合と比較すると, 笑顔のほうが刺激を「面白い」と評価するという。ただし, 追試がすべて成功しているわけではない。

情動研究の展開

諸領域と幅広い接点を持つことはいうまでもない。しかし情動研究は心理学の枠を越えて，多方面に拡がりつつある。たとえば工学もその一例である。すでにロボットを用いた情動表出の研究や，他者の表情・情動認知に関する研究は着手されており，今後は自己の情動体験の要素や機能に関する工学的研究が進むと予測される（石井，2006）。人間と機械を結ぶインタフェースの設計にも情動への配慮が必要である。また，近年，経済学でも情動にもとづく非合理な意思決定の役割が重視されている（真壁，2005）。従来の経済学では，人間は効用の期待値を最大にするように合理的に行動すると仮定されてきたが，バブル経済やパニックなどの現象はこのような仮定では説明することができず，人間の意思決定における情動の役割を重視する必要があるという。

基礎研究の必要性　情動研究はこのように幅広い応用可能性を持っているが，基本的な情動は何種類あって，どのような構造に整理されるのか，あるいは，情動のどのような成分が生物学的に規定されており，どの成分が文化や社会の影響を受けているのかといった根本的な問いに対する答えは得られていない。情動の研究は長い歴史を持っているが，まだ揺籃期にあると言える。

　このような現状を考えると，最先端の研究もさることながら，基礎的で地道な資料の整備がもっと高く評価されてよい。たとえば，情動語のライブラリを作ること，情動を喚起する各種感覚モダリティの刺激を標準化すること，また，表情，音声，動作などの解析法，生理的指標の測定法を標準化すること，さらに，同一のプロトコルから得られたデータを共有化して，クロスリファレンスの可能なデータベースを作ることなどが重要な仕事であろう。

Topic 間合い

　謡でも長唄でも，日本の芸能は「間」を非常に大切にする。われわれも無意識ながら「間」の大切さに気づいている。友だちづきあいが下手と思われている学生は会話の「間」の取り方がうまくないのかもしれない。何の刺激も存在してない「間」について研究することは，日本の心理学ならではの課題と言えるだろう。

　これまでの研究では図8-11に示すように，歌手と伴奏者の呼吸が同期すること，さらに聴衆の呼吸とも同期することなどが知られている（中村，1997）。こうした同期が何を意味するか，われわれの精神的健康にとってどんな役割を果たしているのかなどの問題について，今後の研究が期待される。

歌手の呼吸
伴奏者の呼吸
歌声の波形

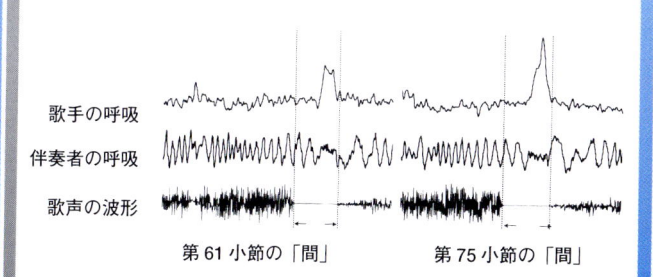

第61小節の「間」　　第75小節の「間」

図8-11　**歌唱中の歌手と伴奏者との呼吸の同期**（中村，1997）
中村の研究によれば，音楽を聴いているときの呼吸の長さは約2.9秒で，日常生活で「心地よい」と感じる「間」の約2倍である。図に示すように歌手と伴奏者の呼吸は一致し，さらに聴衆の呼吸とも一致する。中村は言葉がやりとりされない「間」もコミュニケーションに重要な役割を果たすと指摘している。この実験ではシューベルトの歌曲『君こそわが憩い』が用いられた。

Topic まばたき研究の可能性

　まばたき（瞬目）には目くばせのような随意的なものと，不随意なものがある。不随意なものは大きな音や強い光で誘発される反射性のまばたきと内因性のまばたきに分けられる。内因性のまばたきは成人では1分間に約20回起こっている。まばたきは図8-12のような小型ビデオカメラで記録できるほか，眼電図（EOG），筋電図（EMG）などでも記録できる。まばたきには眼球を保護する機能の他に，眼筋を休めること，視覚を一瞬遮断して感度を更新すること，緊張を解消することなどの役割がある。

　ヒトが何かに注意を集中しているときには（視覚的な対象でなくても）内因性のまばたきは抑制される。何らかの意思決定をした後にはバースト状のまばたきが増える。

　まばたきには情動とも深い関係がある。図8-13は3分間に編集した各種のビデオを見せたときの1分間あたりの瞬目率を示したもので，実験協力者（男女大学生81名）が「面白い」と評価した素材ほど瞬目率は低下している。

　反射性のまばたきもまた情動と深い関係がある。実験協力者に突然大きな音を聞かせたときに生じる反射性のまばたきは，実験協力者が不快な気分にあるときは大きく，快気分にあるときは小さい（Bradley et al., 1999）。しかし，反社会的性格傾向を示す人は，情動による驚愕反応の変容が小さいという（Vanman et al., 2003）。

　また，冠状動脈疾患の危険因子であるタイプA行動（時間に追われていて精力的で競争的，攻撃的な行動。本ライブラリ第1巻『心理学』などを参照）を示す人は，内因性のまばたきが1分間に約40回と非常に多い。

　このようにまばたきは知覚心理学から社会心理学，犯罪心理学や臨床心理学まで幅広い応用可能性を持った興味深い研究対象で

ある。

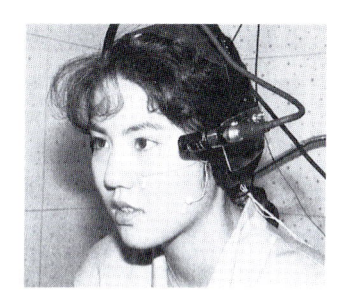

図 8-12 超小型ビデオカメラでまばたきを記録しているところ
（田多ほか，1991）

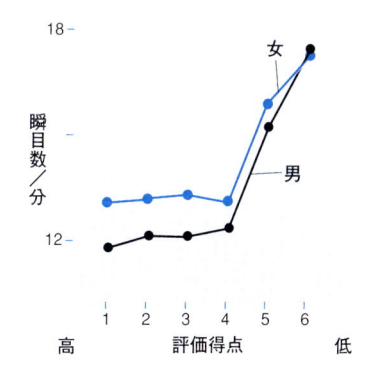

図 8-13 人気のある番組とない番組を見せたときのまばたき
（田多ほか，1991）

人気の程度はあらかじめ300名の大学生で予備調査した。番組は3分間に編集し、40秒の間隔をあけてランダムな順で提示した。まばたきは右目の眼電図で記録した。面白いと評定された番組のほうがまばたき回数が少ないという結果であるが、5番と6番が特異的につまらない番組だったようである。

参考図書

コーネリアス，R. R. 齊藤　勇（監訳）(1999)．感情の科学——心理学は感情をどこまで理解できたか——　誠信書房

　情動に関する4つの理論的立場（進化生物学，生理起源，認知論，社会的構築主義）について詳述した本である。やや饒舌なきらいはあるが，それぞれの考え方がよく分かる。

濱　治世・鈴木直人・濱　保久（2001）．感情心理学への招待——感情・情緒へのアプローチ——　サイエンス社

　現時点で手に入るもっとも包括的な参考書である。さまざまな理論的立場や研究法が要領よくまとめられたうえに，著者らのオリジナルな研究成果がふんだんに盛り込まれている。

高橋雅延・谷口高士（編著）(2002)．感情と心理学——発達・生理・認知・社会・臨床の接点と新展開——　北大路書房

　標準的な教科書というよりも，今後の情動研究の新しい方向を打ち出そうと試みた野心的な本である。日常的素材（エピソード記憶，音楽，対人認知）と感情，援助行動と感情，心理臨床と感情など，実験/臨床の枠を越えた発展性が示されている。

エヴァンズ，D. 遠藤利彦（訳）(2005)．1冊でわかる　感情　岩波書店

　ややくだけた調子ながら，情動とその研究の面白さを魅力的に語っている。基本的には進化生物学に依拠しているが，ロボット工学などへの発展可能性も示唆されている。なお，第7章で触れたデカタンザロ，D. A.の本も情動について詳しく解説している。

思　　考

　下に示すような4つのピースを組み合わせて，T字型の図形を作りたい。どうすればいいだろうか。

　「我思う，故に我あり」「人間は考える葦である」……など，人間と思考についての名言・格言は多い。われわれ人間が考えることが，人間を人間たらしめ，われわれの存在理由となっている，そんなことを象徴しているようである。では，人間はどのように考えているのだろうか。それについて心理学はどのように実験し，何を明らかにしてきたのだろうか。

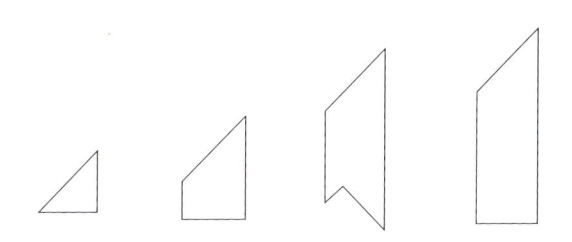

図9-1　**Tパズル問題**（開・鈴木，1998）

思考研究へのさまざまなアプローチ

思考(thinking)は複雑な人間の知的活動の広い部分に関連するので、研究も多面的に行われてきた。それらをいくつかに分類してみる。

人間の思考のうち、比較的短い時間の範囲で生じている、ある命題から別な命題を引き出すような活動は通常、推論(inference/reasoning)と呼ばれる。推論は帰納的推論と演繹的推論に分けることができる。帰納的推論(帰納)とは、個別の事例についての知識から一般法則を導くような推論であり、演繹的推論(演繹)とは逆に一般法則から個別の事例についての知識を導くような推論である(図9-1参照)。

演繹の典型例としては定言的3段論法が挙げられる。大前提と呼ばれる一般法則「すべてのヒトは死ぬ」という命題と、小前提「ソクラテスはヒトである」という命題から導けるのは、ヒトのうちのソクラテスという個別の事例に関する「ソクラテスは死ぬ」という命題である。

また、帰納の典型例には、語の意味の学習が挙げられよう。子どもはイヌとイヌでないものを区別できる。すなわち、子どもは指さしされた「あれはワンワン」「これもワンワン」という個別の事例を通して、まだ見たことがないイヌの個体まで含めてイヌかどうかを判断できるようになる。つまり、イヌとはどのようなものかについての一般的法則を推論・学習している。

さらに、論理パズルのように、ある目標が設定され、その目標にたどり着く方法を考えるようなタイプの思考は問題解決(problem solving)として扱われてきた。Topicにある「放射線問題」や「ロウソク問題」は、問題解決の心理学で伝統的に用いられて

Topic ゲシュタルト心理学における問題解決

ゲシュタルト心理学派は複雑な問題解決を取り上げた学派でもあった。そこで扱われた問題の例を挙げよう。

【放射線問題】

胃に悪性の腫瘍のある患者がいた。その患者は体力がなく,手術はできないので,放射線によって治療しなければならない。強い放射線を患部に当てれば,腫瘍を破壊することができる。しかし,患部は体の内部にあるので,外から強い放射線を当てると,健康な組織も破壊されてしまう。一方,弱い放射線では健康な組織に害を与えないが,腫瘍に対しても効果がない。どのようにすれば腫瘍だけをうまく破壊することができるだろうか。

(Duncker, 1945;森ほか,1995より文章を一部改変)

【ロウソク問題】

いま,図9-2に示すようなマッチ・ガビョウ・ロウソクがある。これらを使って,床にロウを垂らすことなく壁にロウソクを取り付けて明かりを灯したい。どうすればいいだろうか。できるだけ多くのアイディアを出してほしい。

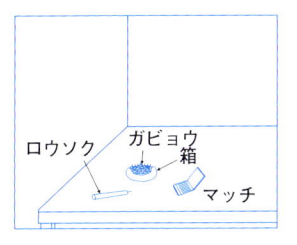

図9-2 **ロウソク問題の説明に用いられた絵**
(Glucksberg & Weisberg, 1966)

演繹的推論

演繹的推論　推論のうち，一般法則から個別の事例について行う推論を**演繹的推論**（演繹；deductive reasoning）という。この演繹的推論は，正しい前提の元で正しく行えば，導かれる結論もまた正しいものとなる。では，人間はこのような規範に則って演繹的推論を行っているのだろうか。

4枚カード問題　ウェイソンは**4枚カード問題**と呼ばれる問題を考案した。これは，図9-3に示すような4枚のカードを示して，「『カードの片面がAならばもう片面は4である』というルールが守られているかどうかを確かめるために最低限裏返さなければならないカードはどれか」尋ねるものである。この問題は，命題pと命題q，そして命題「pならばq（p⊃q）」の真理に関する命題論理の推論ルール（表9-1）を適用すれば，正しい答えを導くことができる。図にみるように，pならばqが偽となりうるのはpが真でqが偽のときだけなので，前件が正しいとき（Aのカード）と後件が正しくないとき（7のカード）を選ぶのが正解である。しかし，一般にこの問題の正答率は低く，大学生でも1割前後であることが繰返し報告されている（Johnson-Laird & Wason, 1970）。

一方，図9-4に示すように，確かめるのを「もし封筒が封印されていたら，表には20セント切手を貼っていなければならない」というルールに変え，かつこの国では封印している封筒は料金が高くなるからと理由を説明すれば，正答率はずっと上昇する（Cheng & Holyoak, 1985）。このような現象を**主題化効果**という。

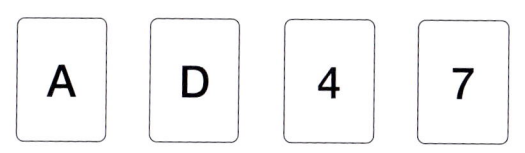

図9-3　4枚カード問題（Johnson-Laird & Wason, 1970）
どのカードも必ず片面にアルファベット、片面に数字が書かれている。

表9-1　命題論理における真理値表

p	q	pならばq
真	真	真
真	偽	偽
偽	真	真
偽	偽	真

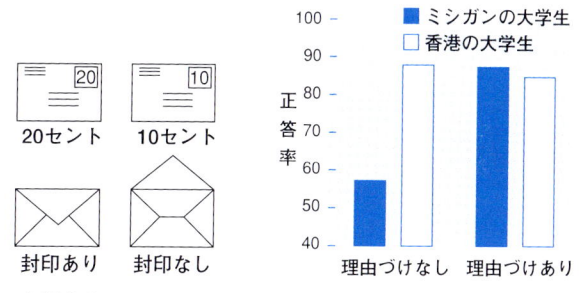

図9-4　主題化効果が生じる4枚カード問題の別バージョンとその条件ごとの正答率（Cheng & Holyoak, 1985）

ここで、理由づけとして実験協力者には「この規定の理由は、ほとんどすべて封印されている個人的な手紙からの収入を増やすことである。封印された郵便は個人的なものであってより高い料金になっている」と告げられた。このことを中国返還前の香港の大学生は教えられなくてもよく知っていた。

カバーストーリーを変えるとこのように差が出るということは，人間が形式的な命題論理に従って考えているわけではないことの証拠と考えられている。

🔵 演繹的推論のメカニズム

実用論的推論スキーマ　では，人間はどのように推論しているのだろうか。チェンとホリオーク（1985）は，「pならばqの真偽」ほど抽象的・形式的ではなく，かといって「Aというカード」「20セント切手を貼った封筒」ほど具体的でもない，中間水準の知識を人間が使っていることを提案し，これを**実用論的推論スキーマ**（pragmatic reasoning schema）と呼んだ。たとえば，「許可」は，郵便を送るときのみならず，それ以外のさまざまな場面でも用いられる。この「許可」スキーマのような，一般性を持ち文脈に敏感で目的に関連した知識が実用論的推論スキーマである。この場合，カバーストーリーを変えることで実用論的推論スキーマの一つである「許可スキーマ」が適用可能になるので問題が簡単になると説明するのである。

メンタルモデル　ジョンソン=レアード（1983）は，人間の演繹的推論や文章理解などを説明する**メンタルモデル**（mental model）という枠組みを提案した。メンタルモデルは，対象を半ば具体的に心的に表象・操作するシステムである。たとえば，「どの作家も盗賊ではない」は図9-5のように表象される。その後「ある料理人は盗賊である」という文は，メンタルモデルに統合される。ここから「ある盗賊は料理人ではない」との命題を引き出したとしよう。しかしそれは誤りである。他にその命題が引き出せないような可能な統合の仕方があるからである。正しい結

```
       作家                          作家

       作家                          作家

       作家                          作家
       ───                        ──────

       盗賊                    盗賊 ＝ 料理人

       盗賊                    盗賊 ＝ 料理人

       盗賊                   (盗賊)  (料理人)
(a) どの作家も盗賊ではない    (b) どの作家も盗賊ではない
                                    ＋
                            ある料理人は盗賊である
```

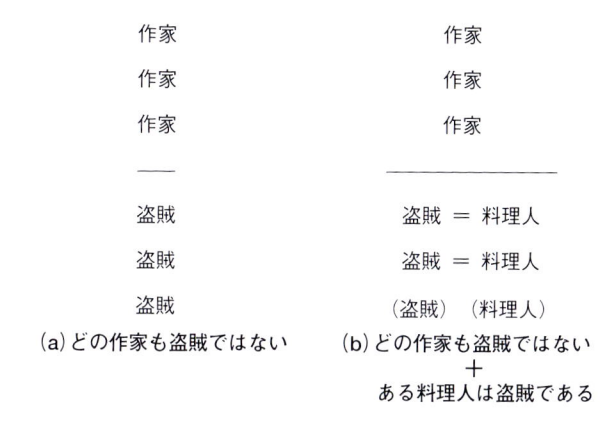

図9-5 メンタルモデルを用いた推論（Johnson-Laird, 1983）

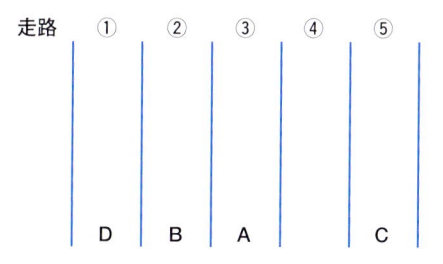

```
走路   ①    ②    ③    ④    ⑤
       │    │    │    │    │
       │    │    │    │    │
       │    │    │    │    │
            D    B    A         C
```

命題 1. AはCの左でBはAの左である
　　 2. BはCの左でDはBの左である
　　3a. BとAの距離よりAはCと離れている
　　3b. DとAの距離よりBはCと離れている

図9-6 空間関係についての推論（Goodwin & Johnson-Laird, 2005より）
命題1＋2＋3aは3項関係について言及した命題から推論する場合，命題1＋2＋3bは4項関係について言及している命題3bを加えて推論する場合。

演繹的推論のメカニズム

論は，どのように表象を操作しても導ける命題である。

　ジョンソン゠レアードとその共同研究者は，一貫した表象を作るためにこのメンタルモデルが使われることを論じている（図9-6）。グッドウィンとジョンソン゠レアード（2005）は，空間的・時間的な関係や推移律のような項同士の関係性の推論も同様に行われることを示している。実験では，5つの走路を4人の走者が走るときに，走者がどの順番でどの走路を走るかについて推論することが求められた。その中に3項について言及する命題が入っている条件と，その命題を4項について言及する命題にした条件では，4項のほうが正答率は下がり，正答に要する時間も長くなっている。これは，読み手がメンタルモデルの中で各命題を順に図的に表象していくため，モデルが複雑になると項同士の関係について新しい命題を統合して表象することに失敗する確率が高まるためと解釈される。

● 帰納的推論

帰納的推論　「タカは飛ぶ」「スズメは飛ぶ」など，トリについての個別の知識（前提）から，「（一般に）トリは飛ぶ」のようにある一般的法則（結論）を導き出すような推論を**帰納的推論**（**帰納**；deductive reasoning）という。

　帰納では導いた結論が常に正しいとは限らない（例：ペンギン，ダチョウ……）。しかし，人間は「トリは飛ぶ」のようなデフォルト階層の知識に加え，それらを一般化したり特殊化したりして知識を詳細にし，結論の確証度を変化させていると考えられる。

人工概念の学習　ブルーナーら（1956）は図9-7に示すようなカード刺激を用いて，人間の人工的な概念の学習過程について

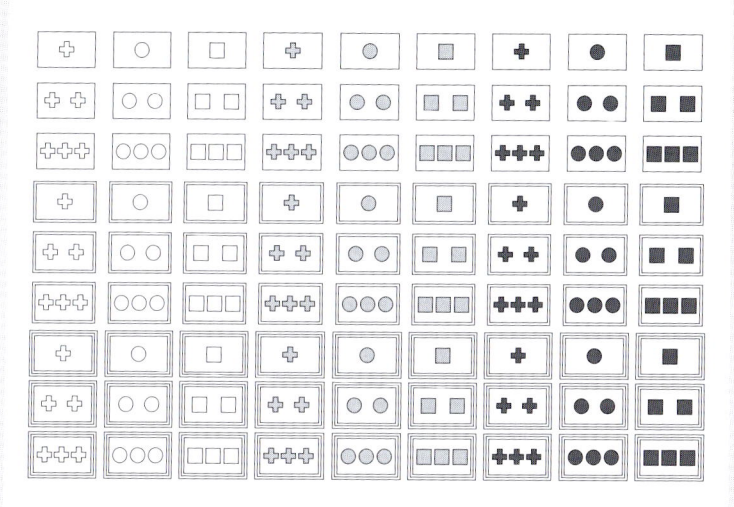

図 9-7 ブルーナーによる概念学習の図（Bruner et al., 1956）
四角の中の図形の色は，左3例が緑，中央3例が黒，右3例が赤を示す。

古典的な実験を行った。実験者は4つの属性次元から特定の組合せを想定する。実験協力者は刺激のうち1つの図形を指定し，実験者はそれが想定した概念に当てはまる（正事例）か当てはまらない（負事例）かを答える。実験協力者はこれを実験者の想定した概念にたどりつくまで繰り返すのである。上記のような2つの属性の組合せ（連言）では，実験協力者はいくつかのタイプの走査方略をとる。① **同時的走査**：可能な仮説をすべて保持して事例ごとに不可能になった仮説を除いていく。② **継時的走査**：1つの仮定を持ちそれが正しい仮定かどうかを試す事例を選んでその検証を続けて，最終的に正しい概念にあたるまでそれを続ける。③ **保存的焦点集中方略**：焦点を当てた正事例から，1つずつ属性を変化させる。④ **焦点投機方略**：焦点事例から同時に複数の属性を変化させる。どのような方略をとるかは，カードを整列させて提示するかランダムに提示するかの影響を受ける。前者は最初の正事例を焦点事例とする一方，後者は継時的走査をする傾向が報告されている。

自然概念の構造

ブルーナーらの実験で用いられた人工概念は，図形の形・色など抽象的な次元と属性が用いられ，それの組合せによって概念を必要十分な条件で定義できた。しかし，人間が通常扱う自然概念はこのような構造をしていない。ロッシュ（Rosch, 1975）はある成員の，あるカテゴリの事例としての良さには程度の差があることを示し，その程度を典型性と呼んだ（Topic）。そして典型性の高いものは，そのカテゴリの成員であるとの判断が速かったり，成員としての想起頻度が高かったり，子どもの学習が早かったりすることを示した。このような効果を典型性効果（typicality effect）という。

Topic 典型性

実験協力者は2つ提示される線画が「同じカテゴリかどうか」をできる限り速く正確に判断することが求められる。その線画のカテゴリにおける典型性が操作されている。その前にプライムとしてカテゴリ名を示す条件と示さない条件がある。いずれの条件でも，典型性が高いほど反応時間は短くなっている。

表9-2 カテゴリごとの典型性の高い成員と低い成員 (Rosch, 1975)

カテゴリ		典型性（例としてのよさ）		
		高	中	低
	家 具	い　す 鏡　台	ランプ 机	じゅうたん ストーブ
	のりもの	車 バ　ス	飛行機 自転車	そ　り 車いす
	武　器	ピストル 剣	矢 石おの	パチンコ ム　チ

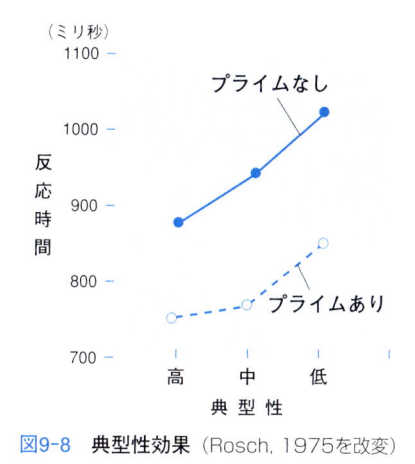

図9-8 典型性効果 (Rosch, 1975を改変)

帰納的推論

また，1つの対象は，たとえば「果物―リンゴ―紅玉」のように，複数の階層で命名できる。そのうち特定の階層（ここではリンゴ）は，そのカテゴリの成員であるとの判断が速かったり，子どもの学習が早かったりする。このような概念を**基礎レベル**（basic level）**の概念**という。

自然種カテゴリと理論

　典型性効果や基礎レベル概念の存在は，人間は暗黙のうちにすべての特性次元を同程度に扱っているわけではないことを示唆している。そこで，複数の属性の背後にあって概念のまとまり（凝集性；coherence）を支えているそのような知識をマーフィとメディン（Murphy & Medin, 1985）は「理論」と呼び，理論が概念を支えていると主張した。

　概念はまた目標指向性を持っている。「子ども・預金通帳・バケツ・ロープ」はどのようなカテゴリのメンバーだろうか？　バサロ（1982）によれば，それは「火事のときに持ち出すもの」というカテゴリのメンバーである。人間の持つカテゴリの一部は，このように目的に応じて動的に作り出される性質を持つが，これを**アドホックカテゴリ**と呼ぶ。アドホックカテゴリの存在は，人間が目的に応じて理論を用い，柔軟にカテゴリを生成していることを示す。

語彙学習における制約

　学習における知識の役割を示す一連の実験は，語彙学習における**制約**（constraint）についての実験である。マークマンとワクテル（Markman & Wachtel, 1988）の実験では実験協力児（平均3歳8カ月）は2つの物体の対を6対提示される。一方は幼児が名前を知っており親近性が高く（コップなど），もう一方は名前を知らない（レモン絞りなど）ものである。そのうえで実験協力児は「ヘク（無意味綴り）をとって」と

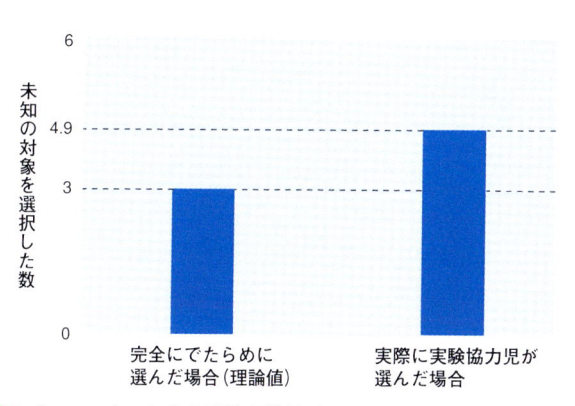

図9-9 マークマンらの実験の結果 (Markman & Wachtel, 1988)

頼まれる。すると実験協力児はでたらめに選んでいるとは考えにくいほど高い割合でレモン絞りを選ぶのである（でたらめならば3個（$\frac{1}{2}$の確率）のところ，平均4.9個。図9-9参照）。これは，1つのものには1つしか名前がないという信念を実験協力児が持っているとすれば説明できる。これを相互排他性制約と呼ぶ。他に事物全体原理（名前を対象の全体を指すことばと解釈する），事物カテゴリ原理（名前を固有名ではなくカテゴリ名と解釈する）などの制約も提案されている。

乳児の持つ素朴理論　乳児は新奇な刺激を見ると口にくわえた乳首を吸う（サッキング）頻度が増えることが知られている。同じ刺激を見ていると次第にそれは減るがまた別な新奇な刺激によって回復するので，その頻度の変化を見ることで何を新奇なものと認識しているか推定できる。この手法を馴化ー脱馴化パラダイムという（図9-10）。これを用いてスペルキ（Spelke et al., 1992）は4カ月児に動画で物理的に可能な事態と不可能な事態をみせ，乳児のサッキング頻度を調べた。すると，物理的に可能な事態（上から移動したものが台の上に止まっている）場合に比べ，不可能な事態（ものが台を突き抜けている）ではサッキングが増えることが分かった。これは，乳児が「実体を持ったものはまとまって空間を移動し，ものをつきぬけることはない」という，物理学についての素朴理論（素朴物理学）を持っていることを示していると解釈されている。このような素朴な知識は領域固有性を持っていることが想定されている。

● 類　推

類　推　人間の思考がある程度の領域固有性を示すならば，

(a) 馴化　　　(b) 物理的に正しい　(c) 物理的に正しくない

図9-10　馴化―脱馴化（Spelke et al., 1992）

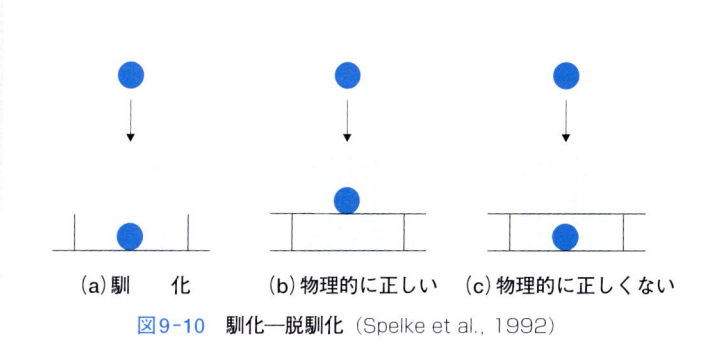

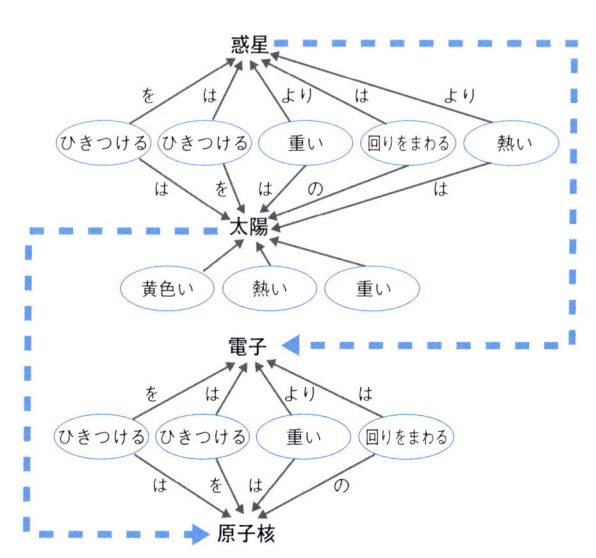

図9-11　原子核・原子と太陽・太陽系の構造写像による類推（アナロジー）の例
　　　　（Gentner, 1983より）

ある領域で得られた知識は他の領域で使えないのだろうか？　現実にはそんなことはない。たとえば，原子の構造はしばしば太陽系に喩えることで説明される。

ゲントナー（Gentner, 1983）はこのような類推（analogy）を定式化した（構造写像理論；図9-11参照）。類推は，未知のターゲット領域（原子）と既知のベース領域（太陽系）の2つの領域で個々の要素（原子核・電子・太陽・惑星……）が対応づけられることで行われるのではない。それらの要素同士は互いに関係づけられ，階層をなしている。類推とはベース領域とターゲット領域で，要素と要素の関係（構造）が対応づけられ，それらがシステマティックに整列されるとき，ベース領域の知識がターゲット領域に付与されることで生じる推論である。

ここで，p.195 Topicの放射線問題に戻ろう。放射線問題の正解とされているのは「四方八方から弱い放射線を腫瘍のうえで重なるようにして照射する」というものである。これと同型の問題が要塞問題である（図9-12）。要塞問題とは，ある国の中央にある要塞を攻撃したいのだが，非常に堅固なので大軍で攻撃しなければならない。しかし，途中の道には地雷があちこちに埋まっており，少数なら安全に通れるのだが大軍で通ろうとすると爆発してしまう。どうしたらこの要塞を地雷を踏まずに攻撃できるだろうか，というものである。しかし，ジックとホリオーク（Gick & Holyoak, 1980）によれば，要塞問題の正答を知っても，教示によってそれを問題解決のヒントとして使うように促されない限り，自発的には類推のベースとして用いられることは少ない。構造が一致するだけでは不十分なのである。

比　喩　「私の仕事は牢獄だ」のような文は，非字義的で

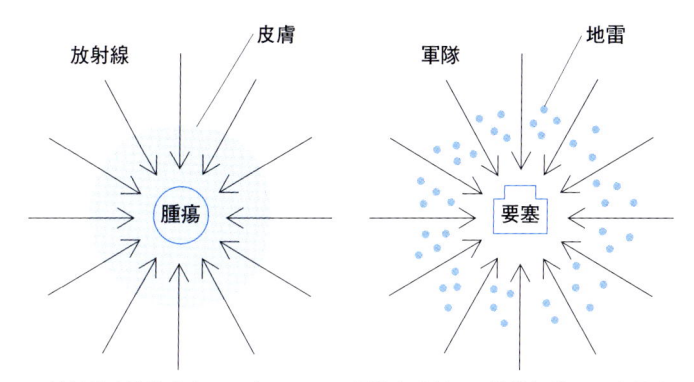

図 9-12　放射線問題（左）と要塞問題（右）の対比
構成要素（腫瘍と要塞，放射線と軍隊，皮膚と地雷）は異なっていても，それらの関係は同じである。

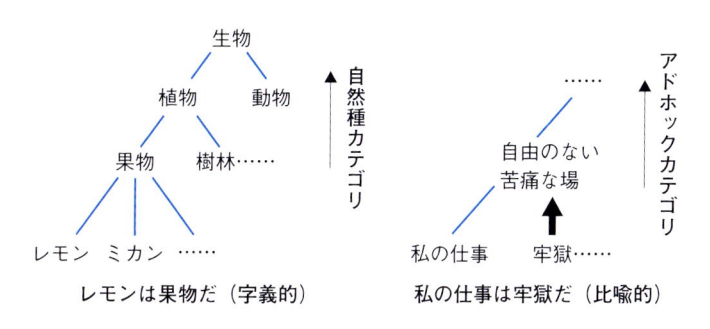

図 9-13　アドホックカテゴリを用いた比喩の理解の図式

あるにもかかわらずその意味は非常に明らかなのはなぜだろうか。これを類推と同じ構造写像で説明する立場もあるが，もう一つの見解は，比喩では後項が典型的である<u>アドホックカテゴリ</u>（図9-13参照）が形成され，前項はそのアドホックカテゴリの成員であると解釈される，と説明するものである（Glucksberg et al., 1997）。グルックスバーグらは，「AはBだ」の形の文は比喩の場合（彼の心は氷だ）では，字義どおりの文の場合（イヌはネコのようだ）にくらべ，交換（BはAだ）したときの有意味度が下がることを示し，このような抽象化が行われていると解釈している。

● 問題解決

ゲシュタルト心理学の問題解決研究　ここで，ロウソク問題を考えよう。筆者が自分の大学で収集したロウソク問題への解答例を図9-14上に示す。これらは試行錯誤（trial and error）によって考え出されたものである。しかし，「ロウを垂らさずに」という点で題意の制約を満たさない。

通常，ロウソク問題の正答とされているのは図9-14下である。このような答えはなぜ難しいのだろうか。それは，この実験ではマッチの「火をつける」という属性が顕著になり，箱はそれを入れるものとなってそれ以外の使い方が考慮されないためであると考えられる。実験では，マッチを箱から出した図を見せると正解率が上がることも報告されている。このように，先行経験によって対象の通常の使い方に固着しそれ以外の使い方が思い浮かばなくなる傾向を<u>機能的固着</u>という。

問題の定式化　日常生活では「問題」とは，答えを求めて設けられた問いを指す。心理学でもほぼ同様の意味で用いられるが，

【誤答例①】

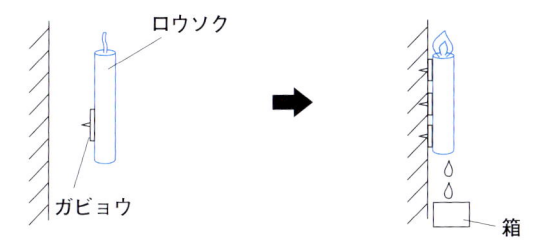

先にロウソクとガビョウの間にロウを垂らしてくっつけておく。

ロウソクをつけたガビョウを壁にさし、箱を置いてロウが垂れてくるのを受けとめる。

【誤答例②】

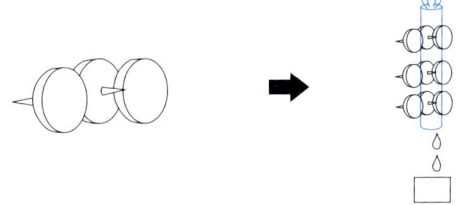

ガビョウを上のように壁にさす。

そこにロウソクをさし、その下に箱を置いてロウが垂れてくるのを受けとめる。

【ロウソク問題の正答】

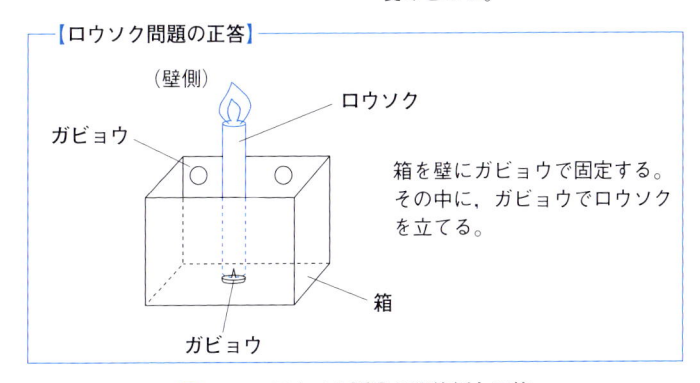

箱を壁にガビョウで固定する。その中に、ガビョウでロウソクを立てる。

図9-14　ロウソク問題の誤答例と正答

問題解決

これは計算問題のような唯一の正答があるものから,「人生いかに生きるべきか」のような複雑で共通の理解が得にくいものまで,多くの種類を含んでいる。

　そこで,実験心理学は通常,問題を定式化して扱う。つまり,問題とは,①初期状態と目標状態と,②状態を変化させるための手段（オペレータ）があり,③オペレータの適用方法が制約されていて,そのため目標状態への変化の方法が一見して明らかでないもの,であるとする。以上が明示されている問題を**よく定義された問題**（well-defined problem）という。

問題解決への制約論的アプローチ

よく定義された問題の典型例はパズルである。そのうちの1つ,本章の扉で示した**Tパズル問題**を考えてみる。これは4つのピースを組み合わせてT字型をつくるものだが,非常に難しくヒントがなければ10分から40分程度かかり,解けないことも珍しくない（開・鈴木,1998）。とくに5角形の扱いが難しく,試行錯誤中の多くの時間がその凹んでいる部分を埋める（ノッチ埋め）ことに費やされる。言い換えれば,機能的固着が生じやすい問題になっている（正答を図9-15に示す）。

　なぜこの問題は難しいのか。開・鈴木（1998）は,一般に問題解決を対象レベル・関係レベル・ゴールレベルの3種の制約を緩和するプロセスとして解釈する。ここで,①**対象レベル**：図形を置くときにそのうちの1本の線を水平に置くなどする表象する際の基礎的な制約（図9-16）,②**関係レベル**：対象同士を凹凸なく接続しようとする制約（図9-17）,③**ゴールレベル**：現状と目標の差を評価し,目標に近づけようとする制約,である。このような,各レベルの制約のもとオペレータが選択され,またあ

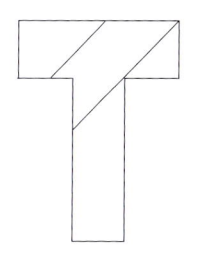

図9-15 Tパズル問題の正答

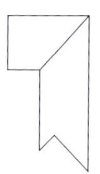

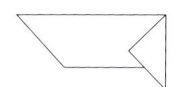

図9-16 対象レベルの制約の例

図9-17 関係レベルの制約（ノッチ埋め）の例

表9-3 さまざまな5角形の置き方の頻度 (開・鈴木, 1998)

	実験協力者				
	H	M	K	O	A
前 半	0	3	6	0	3
後 半	4	9	7	8	9

表9-4 制約を逸脱した5角形の置き方の生起頻度 (開・鈴木, 1998)

	実験協力者				
	H	M	K	O	A
H/V	71	74	85	88	76
その他	29	34	21	11	24
ノッチ	86	57	81	65	67

問題解決

るオペレータを適用した後にその制約が変化する，選択できるオペレータがないときに手詰まりに陥ると考える。

ここから，実験協力者は①初期には5角形を水平に置き（対象レベルの制約），②ノッチを埋めて凹凸をなくそうとする（関係レベルの制約）が，次第にゴールレベルの制約からのフィードバックによってその制約がはずれていくことが予測される。実験でも，対象レベル・関係レベルの制約がまだ強い初期にはたまたま5角形を斜めにおいてもそれは無視されてしまうが，失敗を重ねて対象レベル・関係レベルの制約が外れてくる後期にはそれらの制約を逸脱する置き方が増えてくることが示されている（表9-3，表9-4）。

●●●● 参考図書

サガード，P. 松原 仁（監修）(1999). マインド——認知科学入門—— 共立出版

認知科学全般の入門書ではあるが，本章で扱った領域を多く扱っている。

ジョンソン・レアード，P. N. AIUEO（訳）(1988). メンタルモデル——言語・推論・意識の認知科学—— 産業図書

メンタルモデル説について詳しく扱っている。

今井むつみ（編著）日本認知科学会（編）(2000). 心の生得性——言語・概念獲得に生得的制約は必要か—— 共立出版

語彙学習の制約について扱っている。

ホリオーク，K. J.・サガード，P. 鈴木宏昭・河原哲雄（監訳）(1998). アナロジーの力——認知科学の新しい探求—— 新曜社

類推について扱っている。

乾　敏郎・安西祐一郎（編）(2001). 認知科学の新展開2　コミュニケーションと思考　岩波書店
　第6章で制約緩和問題について扱っている。

引用文献

第1章

American Psychological Association (1994). *Publication manual*. Washington DC: American Psychological Association.

アメリカ心理学会(編) 富田正利・深沢道子(訳) (1996). サイコロジストのための倫理綱領および行動規範 日本心理学会

元良勇次郎 (1890). 精神物理学 第八回 注意試験法 哲学会雑誌, **4**, 63-79.(元良勇次郎著作集 第2巻 (2013). クレス出版 pp.58-67.)

日本心理学会 (2004). 社団法人日本心理学会会員倫理綱領および行動規範 日本心理学会会員名簿, p.ⅲ.

小笠原慈瑛 (1957). 実験心理学 梅津八三他(編) 心理学事典 pp.259-263.

Oyama, T. (1969). S-S relations in psychophysics and R-R correlations in phenomenology. *Psychologia*, **12**, 17-23.

大山 正 (2002). わが国における精神物理学の導入——元良勇次郎における精神物理学の導入—— 心理学評論, **44**, 422-432.

Pfungst, O. (1965). *Clever Hans : The horse of Mr. von Osten*. New York : Henry Holt.

Sabourin, M. (1999). 心理学における倫理基準の発展——アメリカ心理学会倫理規定の一省察—— 心理学研究, **70**, 51-64.

Stevens, S. S. (1951). Mathematics, measurement, and psychophysics. In S. S. Stevens, (Ed.), *Handbook of experimental psychology*. New York : Wiley.

Titchener, E. B. (1901/1905). *Experimental psychology*. Vol.1/2. Part 1. New York : MacMillan.

Titchener, E. B. (1901/1905). *Experimental Psychology*. Vol.1/2. Part 2. New York : MacMillan.

梅岡義貴・大山 正 (1966). 学習心理学 誠信書房

Woodworth, R. S., & Schlosberg, H. (1955). *Experimental psychology*. London : Methuen.

第2章

相場 覚 (1970). Stevensの新精神物理学 大山 正(編) 知覚 講座心理学4 東京大学出版会 pp.261-287.

Bond, M. E., & Nickerson, D.（1942）. Color order systems, Munsell and Ostwald. *Journal of the Optical Society of America*, **32**, 709–719.

Hecht, S., Haig, C., & Wald, C.（1935）. The dark adaptation of retinal fields of different size and location. *Journal of General Physiology*, **19**, 321–339.

大山　正・岩脇三良・宮埜壽夫（2005）. 心理学研究法――データ収集・分析から論文作成まで――　サイエンス社

Pfaffmann, C.（1951）. Tast and smell. In S. S. Stevens（Ed.）, *Handbook of experimental psychology*. New York : Wiley. pp.1143–1171.

Robinson, D. W., & Dadson, R. S.（1957）. Threshold of hearing and equal-loudness relations for pure tones, and loudness function. *Journal of the Acoustical Society of America*, **29**, 1284–1288.

Stevens, S. S.（1962）. The surprising simplicity of sensory metrics. *American Psychologist*, **17**, 29–39.

Wald, G.（1945）. Human vision and the spectrum. *Science*, **101**, 653–658.

Weinstein, S.（1968）. Intensive and extensive aspects of tactile sensitivity as a function of body part, sex, and laterality. In D. R. Kenshalo（Ed.）, *The skin senses*. Springfield, Ill. : Thomas. pp.195–222.

第3章

Boring, E. G.（1942）. *Sensation and perception in the history of experimental psychology*. New York : Appleton-Century.

Cooper, L. A., & Shpard, R. N.（1984）. Turning something over in the mind. *Scientific American*, **12**, 114–120.

Duncker, K.（1929）. Über indizierte Bewegung. *Psychologische Forschung*, **12**, 180–259.

Gibson, J. J.（1950）. *The perception of the visual world*. Boston : Houghton Mifflin.

Johansson, G.（1973）. Visual perception of biological motion and a model for its analysis. *Perception and Psychophysics*, **14**, 201–211.

Johansson, G.（1975）. Visual motion perception. *Scientific American*, July.

Kahneman, D.（1967）. An onset-onset law for one case of apparent motion and meta-contrast. *Perception and Psychophysics*, **2**, 577–586.

Kanizsa, G.（1976）. Subjective contours. *Scientific American*, **23**（4）, 18–52.

Köhler, W.（1929）. *Gestalt psychology*. New York : Liveright.

Kolers, P. A.（1972）. *Aspects of motion perception*. Oxford : Paragon.

Leibowitz, H. W.（1955）. The relation between the rate threshold for the perception of movement and luminance for various durations of exposure. *Journal of Experimental Psychology*, **49**, 209–214.

Metzger, W.（1953）. *Gesetze des Sehens*, 2 Aufl. Frankfurt：Kramer.
（メッツガー，W. 盛永四郎（訳）（1968）. 視覚の法則 岩波書店）

盛永四郎（1933）. ツルネル氏錯視の研究 心理学研究, **8**, 195-242.

盛永四郎（1957）. ゲシュタルト要因 梅津八三・相良守次・宮城音弥・依田 新（監修）心理学事典 平凡社 pp.162-163.

小保内虎夫（1930）. 偏倚の週期性現象の研究（序報） 心理学研究, **5**, 469-474.

小笠原慈瑛（1952）. 同心円の偏位効果 心理学研究, **22**, 224-234.

Oyama, T.（1960）. Figure-ground dominance as a function of sector-angle, brightness, hue and orientation. *Journal of Experimental Psychology*, **60**, 299–305.

Oyama, T.（1970）. The visually perceived velocity as a function of aperture size, stripe size, luminance, and motion direction. *Japanese Psychological Research*, **12**, 163–171.

大山 正（2000）. 視覚心理学への招待——見えの世界へのアプローチ——サイエンス社

大山 正（2003）. 色相・明るさ・形・大きさ・空間位置情報の総合 基礎心理学研究, **22**, 108-114.

大山 正（2005）. 視覚像としてのアニメーション アニメーション研究, **6**, 34-48.

Oyama, T., & Haga, J.（1963）. Common factors between figural and phonetic symbolism. *Psychologia*, **6**, 131–144.

大山 正・岩脇三良・鎌田晶子（2003）. 形の象徴性の文化間比較——9地域間比較——日本心理学会第67回大会論文集, 660.

Oyama, T., Miyano, H., & Yamada, H.（2003）. Multidimensional scaling of computer-generated abstract forms. In H. Yanai, A. Okada, K. Shigemasu, Y. Kano, & J. J. Meulman（Eds.）, *New developments in psychometrics*. Tokyo：Springer. pp.551–558.

Oyama, T., Simizu, M., & Tozawa, J.（1999）. Effects of similarity on apparent motion and perceptual grouping. *Perception*, **28**, 739–748.

Rock, I., Auster, M., Schiffman, M., & Wheeler, D.（1980）. Induced movement based on subtraction of motion from inducing object. *Journal of Experimental Psychology：Human Perception and Performance*, **6**, 391–403.

Rubin, E. (1921). *Visuell wahrgenommene Figuren.* Copenhagen : Gyldendalske.
Sekuler, R. (1996). Motion perception : A modern view of Wertheimer's 1912 Monograph. *Perception*, **25**, 1243–1258.
田中啓治（1994）. 視覚系の構造と機能 大山　正・今井省吾・和気典二（編） 新編 感覚・知覚心理学ハンドブック 誠信書房 pp.287-317.
Wertheimer, M. (1912). Experimentelle Studien über das Sehen von Bewegung. *Zeitschrift für Psychologie*, **61**, 161–265.
Wertheimer, M. (1923). Untersuchungen zur Lehre von der Gestalt.I. *Psychologische Forschung*, **4**, 301–350.

第4章

Baddeley, A. D. (1999). *Essentials of human memory.* East Sussex : Psychology Press.
Bower, G. H., Black, J. B., & Turner, T. J. (1979). Scripts in memory for texts. *Cognitive Psychology*, **11**, 177–220.
Bransford, J. D., & Johnson, M. K. (1973). Consideration of some problems of comprehension. In W. G. Chase (Ed.). *Visual information processing.* New York : Academic Press.
Cherry, E. C. (1953). Some experiments on the recognition of speech with one and with two ears. *Journal of the Acoustic Society of America*, **25**, 975–979.
Collins, A. M., & Loftus, E. F. (1975). A spreading activation theory of semantic processing. *Psychological Review*, **82**, 407–428.
Collins, A. M., & Quillian, M. R. (1969). Retrieval time from semantic memory. *Journal to Verbal Learning and Verbal Behavior*, **8**, 240–247.
Lindsay, P. H., & Norman, D. A. (1977). *Human information processing : An introduction of psychology.* New York : Academic Press.
（リンゼイ, P. H.・ノーマン, D. A.　中溝幸夫・箱田裕司・近藤倫明（共訳）（1984）. 情報処理心理学入門Ⅱ──注意と記憶── 第2版　サイエンス社）
Moar, I. T. (1978). *Mental trangulation and the nature of internal representations of space.* cited in Baddeley, 1999.
Moray, N. (1959). Attention and dichotic listening : Affective cues and the influence of instructions. *Quarterly Journal of Experimental Psychology*, **11**, 56–60.

Neely, J. H. (1977). Semantic priming and retrieval from lexical memory：Roles of inhibitory spreading activation and limited capacity attention. *Journal of Experimental Psychology*, **106**, 226-254.

仁平義明 (1984). 書字slipの実験的誘導――書字運動プログラムのpre-activationの効果―― 日本心理学会第48回発表論文集, 278.

仁平義明 (1986). 急速反復書字法による書字スリップの研究――書字運動記憶のactivation decay function―― 日本心理学会第50回発表論文集, 218.

仁平義明 (1990). からだと意図が乖離するとき――スリップの心理学的理論―― 佐伯 胖・佐々木正人 (編) アクティブ・マインド――人間は動きのなかで考える―― 東京大学出版会, pp.55-86.

Norman, D. A. (1981). Categorization of action slips. *Psychological Review*, **88**, 1-15.

Pichert, J. W., & Anderson, R. C. (1977). Taking different perspectives on a story. *Journal of Experimental Psychology*, **69**, 309-315.

Stroop, J. R. (1935). Studies of interference in serial verbal reactions. *Journal of Experimental Psychology*, **18**, 643-662.

Takano, Y., & Noda, A. (1993). A temporary decline of thinking ability during foreign language processing. *Journal of Cross-Cultural Psychology*, **24**, 445-462.

第5章

Atkinson, R. C., & Shiffrin, R. M. (1968). Human memory：A proposed system and its control processes. In K. W. Spence & T. Spence (Eds.), *The psychology of learning and motivation*, Vol. 2. New York：Academic Press.

Baddeley, A. D. (1986). *Working memory*. New York：Oxford University Press.

Baddeley, A. D. (1999). *Essentials of human memory*. East Sussex：Psychology Press.

Baddeley, A. D., & Hitch, G. J. (1974). Working memory. In G. A. Bower (Ed.), *The psychology of learning and motivation*, Vol. 8. New York：Academic Press.

Bartlett, F. C. (1932). *Remembering：A study in experimental and social psychology*. Cambridge：Cambridge University Press.

Carmichael, L., Hogan, H. P., & Walter, A. A. (1932). An experimental study of the effect of language on the reproduction of visually perceived form.

Journal of Experimental Psychology, **15**, 73-86.

Craik, F. I. M., & Lockhart, R. S. (1972). Levels of processing : A framework for memory research. *Journal of Verbal Learning and Verbal Behavior*, **11**, 671-684.

Craik, F. I. M., & Watkins, M. J. (1973). The role of rehearsal in short-term memory. *Journal of Verbal Learning and Verbal Behavior*, **12**, 599-607.

Daneman, M., & Carpenter, P. A. (1980). Individual differences in working memory and reading. *Journal of Verbal Learning and Verbal Behavior*, **19**, 450-466.

Einstein, G. O., & McDaniel, M. A. (1990). Normal aging and prospective memory. *Journal of Experimental Psychology : Learning, Memory, and Cognition*, **16**, 717-726.

Glanzer, J., & Cunitz, A. R. (1966). Two storage mechanisms in free recall. *Journal of Verbal Learning and Verbal Behavior*, **5**, 351-360.

Godden, D. R., & Baddeley, A. D. (1975). Context-dependent memory in two natural environment : On land and underwater. *British Journal of Psychology*, **66**, 325-331.

Jenkins, J. G., & Dallenbach, K. M. (1924). Obliviscence during sleep and waking. *American Journal of Psychology*, **35**, 605-612.

Loftus, E. F., Miller, D. G., & Burns, H. J. (1978). Semantic integration of verbal information into a visual memory. *Journal of Experimental Psychology : Human Learning and Memory*, **4**, 19-31.

Miller, G. A. (1956). The magical number seven, plus or minus two : Some limits on capacity for processing information. *Psychological Review*, **63**, 81-97.

Morris, C. D., Bransford, J. D., & Franks, J. J. (1977). Levels of processing versus transfer appropriate processing. *Journal of Verbal Learning and Verbal Behavior*, **16**, 519-533.

Murdock, B. B. J. (1961). The retention of individual items. *Journal of Experimental Psychology*, **100**, 183-203.

越智啓太・相良陽一郎 (2001). 情動ストレスが目撃者の記憶に及ぼす効果 犯罪心理学研究, **39**, 17-28.

苧阪満里子 (1998). 読みとワーキングメモリ 苧阪直行 (編) 読み――脳と心の情報処理―― 朝倉書店 pp.239-262.

Peterson, L. R., & Peterson, M. J. (1959). Short-term storage retention of individual verbal items. *Journal of Experimental Psychology*, **58**, 193-198.

Rundus, D. (1971). Analysis of rehearsal processes in free recall. *Journal of Experimental Psychology*, **89**, 63–77.

Wagenaar, W. A. (1986). My memory：A study of autobiographical memory over six years. *Cognitive Psychology*, **18**, 225–252.

Wilkins, A. J., & Baddeley, A. D. (1978). Remembering to recall in everyday life：An approach to absent-mindedness. In M. M. Gruneberg, P. E. Morris, & R. N. Sykes (Eds.), *Practical aspects of memory*. New York：Academic Press, pp.27–34.

第6章

Garcia, J., & Koelling, R. A. (1966). Relation of cue to consequence in avoidance learning. *Psychonomic Science*, **4**, 123–124.

Hollis, K. L. (1984). The function of Pavlovian conditioning：The best defence is a good offense. *Journal of Experimental Psychology：Animal Behavior Processes*, **10**, 413–425.

Rescorla, R. A. (1966). Predictability and number of pairings in Pavlovian fear conditioning. *Psychonomic Science*, **4**, 383–384.

Rescorla, R. A. (1968). Probability of shock in the presence and absence of CS in fear conditioning. *Journal of Comparative and Physiological Psychology*, **66**, 1–5.

Seligman, M. E. P. (1970). On the generality of laws of learning. *Psychological Review*, **77**, 406–418.

Terrace, H. S. (1963). Discrimination learning with and without "errors". *Journal of Experimental Analysis of Behavior*, **6**, 1–27.

第7章

Atkinson, R. L., Atkinson, R. C., Smith, E. E., Bem, D. J., & Nolen-Hoeksema, S. (2000). *Hilgard's introduction to psychology*. 13th ed. Fort Worth：Harcourt Brace.

Azrin, N. H., Hutchinson, R. R., & Hake, D. F. (1966). Extinction-induced aggression. *Journal of Experimental Analysis of Behavior*, **9**, 191–204.

Bardo, M. T., & Dwoskin, L. P. (2004). Biological connection between novelty- and drug-seeking motivational systems. *Nebraska Symposium on Motivation*, **50**, 127–158.

Blatter, K., & Schultz, W. (2006). Rewarding properties of visual stimuli. *Experimental Brain Research*, **168**, 541–546.

Crawley, J. N. (2000). *What's wrong with my mouse ? : Behavioral phenotyping of transgenic and knockout mice.* New York : John Wiley & Sons.

Estes, W., & Skinner, B. F. (1941). Some quantitive properties of anxiety. *Journal of Experimetal Psychology*, **29**, 390–400.

Fish, E. W., De Bold, J. F., & Miczek, K. A. (2002). Aggressive behavior as a reinforcer in mice : Activation by alloprognanolone. *Psychopharmacology*, **163**, 459–466.

藤田哲也 (1997). 心を生んだ脳の38億年　岩波書店

Funk, D., Harding, S., Juzytsch, W., & Le, A. D. (2005). Effects of unconditioned and conditioned social defeat on alcohol self-administration and reinstatement of alcohol seeking in rats. *Psychopharmacology*, **183**, 341–349.

Geller, I., & Seifter, J. (1960). The effect of meprobamate, barbiturates, damphetamine and promazine on experimentally induced conflict in rats. *Psychopharmacologia*, **1**, 482–492.

Hironaka, N., Ikeda, K., Sora, I., Uhl, G.R., & Niki, H. (2004). Food-reinforced operant behavior in dopamine transporter knockout mice : Enhanced resistance to extinction. *Annals of New York Academy of Sciences*, **1025**, 140–145.

Holland, P. C., Petrovich, G. D., & Gallagher, M. (2002). The effects of amygdala lesions on conditioned stimulus-potentiated eating in rats. *Physiology and Behavior*, **76**, 117–129.

今田　寛・宮田　洋・賀集　寛（編）(2003). 心理学の基礎　三訂版　培風館

磯　博行（1997). スケジュール誘発多飲症　日本行動科学学会（編）　動機づけの基礎と実際——行動の理解と制御をめざして——　川島書店　pp.94–107.

Kondo, K., & Sakuma, Y. (2005). The medial amygdala controls the coital access of female rats : A possible involvement of emotional responsiveness. *Japanese Journal of Physiology*, **55**, 345–353.

Mayer, A. D., Monroy, M. A., & Rosenblatt, J. S. (1990). Prolonged estrogen-progesterone treatment of nonpregnant ovariectomized rats : Factors stimulating home-cage and maternal aggression and short-latency maternal behavior. *Hormones and Behavior*, **24**, 342–364.

中谷　隆（1997). フラストレーション　日本行動科学学会（編）　動機づけの基礎と実際——行動の理解と制御をめざして——　川島書店　pp.84–

93.

Pellow, S., & File, S. E. (1986). Anxiolytic and anxiogenic drug effects on exploratory activity in an elevated plus-maze : A novel test of anxiety in the rat. *Pharmacology, Biochemistry, and Behavior*, **24**, 525–529.

Piazza, C. C., Fisher, W. W., Brown, K. A., Shore, B. A., Patel, M. R., Katz, R. M., Sevin, B. M., Gulotta, C. S., & Blakel-Smith, A. (2003). Functional analysis of inappropriate mealtime behaviors. *Journal of Apploed Behavor Analysis*, **36**, 187–204.

Provenza, F. D., Scott, C. B., Phy, T. S., & Lynch, J. J. (1996). Preference of sheep for foods varying in flavors and nutrients. *Journal of Animal Sciences*, **74**, 2355–2361.

第8章

Adolphs, R., Tranel, D., Damasio, H., & Damasio, A. (1994). Impaired recognition of emotion in facial expressions following bilateral damage to the human amygdala. *Nature*, **372**, 669–672.

Atkinson, R. L., Atkinson, R. C., Smith, E. E., Bem, D. J., & Nolen-Hoeksema, S. (2000). *Hilgard's introduction to psychology*. 13th ed. Fort Worth : Harcourt Brace.

Bradley, M. M., Cuthbert, B. N., & Lang, P. J. (1999). Affect and the startle reflex. In M. E. Dawson, A. M. Schell, & A. H. Boehmelt (Eds.), *Startle modification : Implications for neuroscience, cognitive science, and clinical science*. Cambridge : Cambridge University Press, pp.157–183.

Darwin, C. R. (1872). *The expression of the emotions in man and animals*. London : John Murray.
（ダーウィン，C. R.　浜中浜太郎（訳）（1931）．　人及び動物の表情について　岩波文庫　岩波書店）

Dutton, D. G., & Aron, A. P. (1974). Some evidence for heightened sexual attraction under conditions of high anxiety. *Journal of Personality and Social Psychology*, **30**, 510–517.

Ekman, P., Friesen, W. V., O'Sullivan, M., Chan, A., Diacoyanni-Tarlatzis, I., Heider, K., Krause, R., LeCompte, W. A., Pitcairn, T., Ricci-Bitti, P. E., Tomita, M., & Tzaravs, A. (1987). Universals and cultural differences in the judgments of facial expressions of emotion. *Journal of Personality and Social Psychology*, **53**, 712–717.

Evans, D. (2001). *Emotion : A very short introduction*. New York : Oxford

University Press.
（エヴァンズ, D. 遠藤利彦（訳）(2005). 感情 1冊でわかる 岩波書店）

藤波尚美（2005）. ウィリアム・ジェームズと心理学 専修大学大学院博士学位請求論文

濱 治世・鈴木直人・濱 保久（2001）. 感情心理学への招待――感情・情緒へのアプローチ―― サイエンス社

今田純雄（1999）. 感情 中島義明他（編） 心理学辞典 有斐閣

石井加代子（2006）. 人間を理解するための認知ロボティクス 科学技術動向, **60**, 19-33.

Lazarus, R. S., & Alfert, E.（1964）. Short-circuiting of threat by experimentally altering cognitive appraisal. *Journal of Abnormal and Social Psychology*, **69**, 195-205.

LeDoux, J.（1996）. *The emotional brain : The mysterious underpinnings of emotional life.* New York : Simon & Schuster.

真壁昭夫（2005）. 経済行動を支配する感情――プロスペクト理論から見た主観的意思決定のメカニズム―― 科学, **75**, 726-729.

Murphy, S. T., & Zajonc, R. B.（1993）. Affect, cognition, and awareness : Affective priming with optimal and suboptimal stimulus exposure. *Journal of Personality and Social Psychology*, **69**, 589-602.

中村敏枝（1997）. "間" の解明 辻 三郎（編） 感性の科学――感性情報処理へのアプローチ―― サイエンス社 pp.83-87.

岡村尚昌・津田 彰・矢島潤平・田中芳幸（2004）. 精神神経免疫学的指標を用いたストレスの実験的研究と臨床的研究 行動科学, **43**, 71-78.

大橋 力（1997）. 音がみちびく感性反応と脳 辻 三郎（編） 感性の科学――感性情報処理へのアプローチ―― サイエンス社 pp.62-66.

大平英樹（2002）. 感情の生理的指標 高橋雅延・谷口高士（編） 感情と心理学――発達・生理・認知・社会・臨床の接点と新展開―― 北大路書房 pp.41-65.

大山 正（1994）. 色彩心理学入門――ニュートンとゲーテの流れを追って―― 中公新書 中央公論社

大山 正・岩脇三良・宮埜壽夫（2005）. 心理学研究法――データ収集・分析から論文作成まで―― サイエンス社

Ortony, A., Clore, G. L., & Foss, M. A.（1987）. The referential structure of the affective lexicon. *Cognitive Sciences*, **11**, 341-364.

尾崎まみこ・藤川和世・瀬戸 篤（2003）. ハエの食卓――食をめぐる快と不快―― 脳の科学, **25**, 217-225.

Pitterman, H., & Nowicki Jr., S.（2004）. A test of ability to identify emotion in human standing and sitting postures：The diagnostic analysis of nonverbal accuray-2 posture test（DANVA2-POS）. *Genetic, Social, and General Psychology Monograph*, **30**, 146-162.

Rhudy, J. L., & Williams, A.E.（2005）. Gender differences in pain：Do emotions play a role？ *Gender Medicine*, **2**, 208-226.

Richards, A., French, C. C., Johnson, W., Naperstek, J., & Williams, J.（1992）. Effects of mood manipulation and anxiety on performance of an emotional Stroop task. *British Journal of Psychology*, **83**, 479-491.

田多英興・山田冨美雄・福田恭介（1991）．まばたきの心理学――瞬目行動を総括する　北大路書房

梅本堯夫・大山　正・岡本浩一（1999）．心理学――心のはたらきを知る――　サイエンス社

Vanman, E. J., Mejia, V. Y., Dawson, M. E., Schell, A. M., & Raine, A.（2003）. Modification of the startle reflex in a community sample：Do one or two dimensions of psychopathy underlie emotional processing？ *Personality and Individual Differences*, **35**, 2007-2021.

Williams, J. M., Mathews, A., & MacLeod, C.（1996）. The emotional Stroop task and psychopathology. *Psychological Bulletin*, **120**, 3-24.

吉田正昭（1981）．情緒の情報機制　浜　治世（編）　現代基礎心理学8　動機・情緒・人格　東京大学出版会

第9章

Bruner, J. S., Goodnow, J. J., & Austin, G. A.（1956）. *A study of thinking*. New York：John Wiley & Sons.
　（岸本　弘他（訳）（1969）．思考の研究　明治図書出版）

Cheng, P. W., & Holyoak, K. J.（1985）. Pragmatic reasoning schemas. *Cognitive Psychology*, **17**, 391-416.

Duncker, K.（1945）. On problem solving. *Psychological Monographs*, **58**,（Whole No. 270）.

Gentner, D.（1983）. Structure-Mapping：A theoretical framework for analogy. *Cognitive Science*, **7**, 155-170.

Gick, M. L., & Holyoak, K. J.（1980）. Analogical problem solving. *Cognitive Psychology*, **12**, 306-355.

Glucksberg, S., McGlone, M. S., & Manfredi, D.（1997）. Property attribution in metaphor comprehension. *Journal of Memory and Language*, **36**, 50-

67.

Goodwin, G. P., & Johnson-Laird, P. N. (2005). Reasoning about relations. *Psychological Review*, **112**, 468-493.

開 一夫・鈴木宏昭 (1998). 表象変化の動的緩和理論――洞察メカニズムの解明に向けて―― 認知科学, **5** (2), 69-79.

Johnson-Laird, P. N. (1983). *Mental models : Towards a cognitive science of language, inference, and consciousness*. Cambridge, MA : Harvard University Press.

Johnson-Laird, P. N., & Wason, P. C. (1970). A theoretical analysis of insight into a reasoning task. *Cognitive Psychology*, **1**, 134-148.

Markman, E. M., & Wachtel, G. F. (1988). Children's use of mutual exclusivity to constrain the meanings of words. *Cognitive Psychology*, **20**, 121-157.

森 敏昭・井上 毅・松井孝雄 (1995). グラフィック認知心理学 サイエンス社

Murphy, G. L., & Medin, D. L. (1985). The role of theories in conceptual coherence. *Psychological Review*, **92**, 289-316.

Rosch, E. (1975). Cognitive representaions of semantic categories. *Journal of Experimental Psychology : General*, **104** (3), 192-233.

Spelke, E. S., Breinlinger, K., Macomber, J., & Jacobson, K. (1992). Origins of knowledge. *Psychological Review*, **99**, 605-632.

人名索引

ア 行
アインシュタイン（Einstein, G. O.） 115
アズリン（Azrin, N. H.） 164
アトキンソン（Atkinson, R. C.） 98
アムゼル（Amzel, A.） 164
ウェイソン（Wason, P. C.） 196
ウェーバー（Weber, E. H.） 34
ウェルトハイマー（Wertheimer, M.） 6, 56, 68, 70, 72
ウッドワース（Woodworth, R. S.） 8
ヴント（Wundt, W.） 2〜4
エクマン（Ekman, P.） 174
エビングハウス（Ebbinghaus, H.） 4, 5, 108
大山　正　51, 54
小笠原慈瑛　56
小保内虎夫　56

カ 行
カーマイケル（Carmichael, L.） 112
キャノン（Cannon, W, B.） 184
キリアン（Quillian, M. R.） 86
クーパー（Cooper, L. A.） 52
クレイク（Craik, F. I. M.） 106
ケーラー（Köhler, W.） 67
ゲントナー（Gentner, D.） 208
コリンズ（Collins, A. M.） 86

サ 行
ジェームズ（James, W.） 184
ジェンキンス（Jenkins, J. G.） 109
シフリン（Shiffrin, R. M.） 98
シャクター（Schachter, S.） 184
ジョンソン=レアード（Johnson-Laird, P. N.） 198
シンガー（Singer, J. E.） 184
スキナー（Skinner, B. F.） 136
スティーヴンス（Stevens, S. S.） 17, 46
スペルキ（Spelke, E. S.） 206
セザンヌ（Cézanne, P.） 64
セリグマン（Seligman, M. E. P.） 162
ソーンダイク（Thorndike, E. L.） 132

タ 行
高野義彦　79
ダレンバック（Dallenback, K. M.） 109
チェン（Cheng, P. W.） 197, 198
ティチェナー（Titchener, E. B.） 8
テラス（Terrace, H. S.） 142
トールマン（Tolman, E. C.） 6
冨田恒男　29
トムキンス（Tomkins, S. S.） 186
ドンデルス（Donders, F. C.） 2

ナ 行
ニーリィ（Neely, J. H.） 94
ニュートン（Newton, I.） 29
ノーマン（Norman, D. A.） 82

ハ 行
バード（Bardo, M. T.） 184
バートレット（Bartlett, F. C.） 112
バウアー（Bower, G. H.） 82
パヴロフ（Pavlov, I. P.） 122
バドレー（Baddeley, A. D.） 102
ハル（Hull, C. L.） 6
ヒッチ（Hitch, G. J.） 104
フェヒナー（Fechner, G. T.） 2〜4, 33, 34, 41
ブルーナー（Bruner, J. S.） 200
プングスト（Pfungst, O.） 13
ヘーリング（Hering, E.） 29
ベル（Bell, A. G.） 43

ヘルムホルツ（Helmholtz, H.） 2, 29
ホリオーク（Holyoak, K. J.） 197
ホリス（Hollis, K. L.） 130

マ　行

マークマン（Markman, E. M.） 204
マクダニエル（McDaniel, M. A.） 115
ミューラー（Müller, J.） 28
ミラー（Miller, G. A.） 100
モーレイ（Moray, N.） 77
元良勇次郎　5, 7
モリス（Morris, C. D.） 111
盛永四郎　56

ヤ　行

ヤング（Young, T.） 29

ヨハンソン（Johansson, G.） 66

ラ　行

ラザルス（Lazarus, R. S.） 184
ルビン（Rubin, E.） 50
レスコーラ（Rescorla, R. A.） 126
ロックハート（Lockhart, R. S.） 106
ロッシュ（Rosch, E.） 202
ロフタス（Loftus, E. F.） 90, 114

ワ　行

ワインシュタイン（Weinstein, S.） 45
ワクテル（Wachtel, G. F.） 204
ワゲナー（Wagenaar, W. A.） 110
ワトソン（Watson, J. B.） 6

事項索引

ア 行

明るさの対比　40, 41
アクション・スリップ　84, 85
アドホックカテゴリ　204, 210
アニメーション　68
甘え　183
網点写真　42
アミラーゼ活性　178
暗順応　32, 38
暗順応曲線　39

閾　16, 32
閾下感情プライミング　184
意識　2, 4
意識的処理　78
維持リハーサル　106
移調可能性　52
1極部分運動　70
意図的学習　107
イヌ　28
意味ネットワーク・モデル　90
意味プライミング効果　88
色の3属性　30
色の対比　40
色立体　30
陰影　62
因子分析　16

ウェーバーの法則　34
運動視差　60, 62
運動速度　68
運動速度の刺激閾　66
運動の知覚　64

映画　68
鋭角過大視傾向　56
エビングハウス錯視　56, 57
エモーショナル・ストレス　113

演繹　196
演繹的推論　194, 196
遠近感　60
遠近感の手がかり　62

大きさの恒常性　64, 65
奥行き知覚の手がかり　62
オッペル・クント錯視　57
音の大きさ　43
オプティカル・フロー　62
オペラント条件づけ　122
音韻ループ　102
音読課題　88

カ 行

回顧記憶　114
外国語副作用　79
回復　37
学習　143
学習性無気力　162
覚醒水準　182
カクテルパーティ現象　76
確立操作　148
仮現運動　6, 68～70
下降系列　45
過去経験の要因　60, 61
重なり合い　62, 63
可視スペクトル　27
仮説構成体　10
形　50, 52, 54
形の象徴性　67
可聴範囲　35
活性化拡散　90
葛藤　160
かな文字　60
感覚　16, 25, 26, 33
感覚尺度　46
間隔尺度　17

感覚遮断　152
感覚受容器　26, 28
感覚神経　28
感覚の大きさ　34, 46
感覚の加重　42
感覚の質　30
感覚の尺度　46
感覚の種類　26, 28
感覚の順応　36, 38
感覚の属性　30
感覚の対比　40
感覚の強さ　30, 34
感覚の範囲　32
感覚反応　120
眼球運動説　70
環境エンリッチメント　154
関係レベル　212
観察者　14, 62
漢字　56
感受性　32, 45
感情　25, 172
緩衝照明　38
干渉説　108, 109
寒色　50
桿体　26, 32, 38
顔面フィードバック仮説　186

記憶の　4
記憶の状態依存性　112
記憶の二重貯蔵モデル　98
規則性　54
基礎レベルの概念　204
帰納　200
機能的固着　210
帰納的推論　194, 200
気分　172
気分一致効果　176
記銘　98
逆向干渉　108
客観的構えの要因　58, 59
求愛行動　154

鏡映描写器　9
強化　134
驚愕反応　120
強化子　134
強化の原理　134
凝集性　204
強制選択再認　99
共通運命の要因　58
協力者　21
許可スキーマ　198
極限法　35, 45
曲線性　54
近接の要因　58, 72

空間誤差　20
空間的加重　42
偶発学習　107
群化　56, 59, 73

継時時相　68
継時的走査　202
系列位置曲線　100
系列記憶　98
系列再生　99
ゲシュタルト心理学　4, 56, 67, 68
ゲシュタルト法則　56
ゲシュタルト要因　56, 72
結合探索　78
検索　98
検索失敗説　110
減算法　2
現象的観察　6
減衰説　108, 109

語彙判断課題　88
光覚閾　16
高架式十字迷路　160, 161
効果の法則　134
交感神経系　178
後期選択説　76
好奇動機　152

攻撃行動　156
高次条件づけ　128
恒常法　35
構造写像理論　208
行動　14
行動主義　4
コウモリ　26
ゴールレベル　212
語音　67
五官　26
五感　26
誤情報効果　114
古典的条件づけ　122
コルチゾール　178
コルテの法則　70, 71
混色　29
昆虫　26
コンピュータ　22, 55

サ　行

再学習　99
最小可聴値　32, 35, 43
再生　99
最適時相　70
彩度　30, 54
再認　99
錯視　18, 19, 54
錯視図形　54
錯視量　16
作動記憶　102
参加者　21
三項随伴性　134
3次元空間　60
3色説　29

視覚　26, 49
視覚情動刺激写真（IAPS）　180
時間の加重　42
時間ベースの展望記憶　116
色円　30
色相　30, 34, 54

視空間スケッチパッド　102
刺激　6
刺激閾　32, 33, 36, 38, 43, 45
刺激間時間間隔（ISI）　70
刺激強度　46
刺激条件　16
刺激頂　32, 43
刺激変数　16
思考　194
試行錯誤　210
事象ベースの展望記憶　116
実験　1
実験協力者　14, 21, 35, 43, 46
実験参加者　14
実験者　35
実験心理学　2, 8
実験の特長　13
実用論的推論スキーマ　198
自動的処理　78
自発的回復　126
事物カテゴリ原理　206
事物全体原理　206
弱化子　136
シャトルボックス　159
自由再生　99
従属変数　10, 17
周波数　43
周辺視　32
主観的等価点　16, 20, 33, 43
主観的輪郭　52, 53
主題化効果　196
出力　10
馴化　120
馴化―脱馴化パラダイム　206
瞬間露出器　9, 22
順向干渉　108
順序尺度　17
純粋ファイ　64, 70
順応　37
順応からの回復　36, 38
準備性　143

瞬目　190
消去　126
上下法　35, 72
条件　14
条件刺激　124, 158
条件性強因子　138
条件性恐怖　158
条件性情動反応　128, 162
条件性制御　140
条件反射　124
条件反応　124
上昇系列　45
焦点投機方略　202
情動　25, 172
初期選択説　76
触2点閾　45
触毛　45
触覚　45
初頭効果　100
処理資源　76
処理水準効果　108, 111
自律神経系　178
新近効果　100
新行動主義者　6
心的回転　52, 53
心理的属性　54
心理物理的測定法　33

図　50〜52
水晶体　62, 63
錐体　26, 29, 32, 38
推論　194
数唱範囲　100
数量化　17
スキーマ　80
スキナー箱　136
スクリプト　82
図―地反転図形　50, 51
スティーヴンスの法則　46
ステレオスコープ　60
ストループ課題　176

ストループ効果　78
ストレス刺激　164
ストレス反応　164
ストレッサー　164
ストロボスコープ　68, 69
3D映画　60

制御的処理　78
精神物理学　2, 7
精神物理学的測定法　4, 16, 33, 45, 72
精神分析学　4
生態学的妥当性　115
精緻化リハーサル　106
性動機　154
生物学的運動知覚　65
生物の　64
制約　204
摂食動物　150
節約率　99
セマンティック・ディファレンシャル法　172
線遠近法　62, 63
選択的注意　76

ゾウ　26
相関係数　16
想起　98
相互排他性制約　206
操作動機　152
ゾートロープ　69
素朴物理学　206
素朴理論　206

タ　行

大気遠近法　62, 63
対照群　18
対照実験　18〜20
対象レベル　212
体制化　56
タキストスコープ　9, 22, 68
多次元尺度解析法　54

単一項目再認　99
短期記憶　98
暖色　52

地　50, 52
遅延再生　98
知覚　16, 33, 49
逐次接近法　138
チャンク　102
注意の　7
中央実行系　102
仲介変数　6, 8, 10, 17
中心視　32
中枢起源説　184
中性刺激　124
聴覚　26, 32
長期記憶　98
調整法　35
調節　62, 63
聴力　32, 35
直後再生　98
直接記憶範囲　100
直接経験　4
貯蔵　98

追唱法　77
ツェルナー錯視　56, 57

定位　50
定言的3段論法　194
ティチェナー錯視　57
手がかり再生　99
適刺激　26, 30
テクスチャァの勾配　62, 63
デシベル（dB）　43
デルブーフ（同心円）錯視　18, 56, 57
テレビ　68
転移適切性処理　111, 112
典型性　202
典型性効果　202
点描画　42

展望記憶　114, 115

動因　148
動画　68
動機　148
動機づけ　6
道具的条件づけ　134
瞳孔反射　120
透視画法　62, 64
同時時相　68
同時的走査　202
統制群　18
統制実験　18
動物実験　15
東洋画　64
等ラウドネス曲線　35, 43
特殊神経エネルギー説　28, 29
特徴探索　78
独立変数　10, 17

ナ　行

内観法　4
内発的動機　150
なめらかな経過　58

2極部分運動　70
2次条件づけ　128
二重課題法　104
入力　10
2要因説　184
認知心理学　6
認知地図　92

ネットワーク・モデル　86
ノード　86

ハ　行

媒介変数　6
パヴロフ型条件づけ　124
パソコン　22, 23

罰子　136
般化　130
半側無視　186
反射　120
ハンス　13
反対色　36
反対色説　29
反転図形　51
反応　6, 14, 134
反応形成　138
反応時間　2, 14
反応時間測定法　4

比較刺激　33
被験者　14, 21
被験体　14
皮膚電気反応（GSR）　14
標準刺激　33, 34
ひらがな　56
比率尺度　17

ファイ現象　70
フェイディング　141, 142
フェナキストスコープ　69
フェヒナーの法則　2, 36, 37, 43, 46
フォン（phon）　43
副交感神経系　178
複雑性　54
輻輳　62
輻輳角　63
符号化　98
不適刺激　30
プライム　88
ブラウン=ピーターソン・パラダイム　98
プラシーボ　18
プラシーボ効果　160, 167
ブラックボックス　10, 11
フリーオペラント法　136
文化間比較　67
分泌型免疫グロブリンA（IgA）　178

文脈効果　81, 82, 110

閉合の要因　58
ベータ運動　70
ヘーリング錯視　56, 57
ヘーリングの反対色説　29
べき関数　46
ヘルムホルツ錯視　57
扁桃体　150
弁別　130
弁別閾　16, 33, 34, 46

哺育動機　156
包括的適応度　154
忘却　98
忘却曲線　108
放射線問題　195, 208
保持　98
補色　36
保存的焦点集中方略　202
ポッゲンドルフ錯視　56, 57
ポップアウト　78
ホメオスタシスの動機　150
ポンゾ錯視　56, 57

マ 行

マグニテュード推定法　46
末梢起源説　184
まばたき　190
マンセルの色立体　31

味覚嫌悪学習　143
ミューラー・リヤー錯視　56, 57

無誤弁別　141
無条件反応　124

名義尺度　17
明順応　38
明度　30, 54
メモリードラム　9, 22

メンタルモデル　198
面の知覚　52
網膜　60
網膜周辺部　38
網膜像　64
網膜像の大きさ　62, 63
モダリティ　28
モデュラス　46
問題　210
問題解決　194

ヤ　行
ヤング=ヘルムホルツの3色説　29

誘因　148
誘導運動　68

よい形の要因　58
よい連続の経過　58
要求　6
要塞問題　208
よく定義された問題　212
4枚カード問題　196

ラ　行
ラウドネス　43
ラシュレイ式跳躍台　9

リーディングスパン　105, 106
リーディングスパン・テスト　106
利口な馬　13
利他行動　154
リハーサル　106
両眼視差　60〜62

両耳分離聴　77
臨界ちらつき頻度（CFF）　42
輪郭線　52

類推　208
類同の要因　58, 72

レジデント・イントルーダー・テスト　156
レスポンデント条件づけ　124
領域固有性　206

ロウソク問題　195, 211

英　字
CER　128
CFF　42
CR　124
CS　124
GSR　14
IgA　178
IAPS　180
ISI　70
MHPG　178
NS　124
R-R型研究法　16
SD法　172
S-R型の研究法　14
S-S型研究法　16
SOA　71
Tパズル問題　193, 212
UR　124
US　124

執筆者紹介

大山　正（おおやま　ただす）（編著者）　【第1～3章】
1951年　東京大学文学部心理学科卒業
1956年　東京大学大学院特別研究生修了
　　　　元東京大学教授
　　　　元日本大学教授　文学博士

主要著書
「色彩心理学入門」（中央公論社，1994年）
「視覚心理学への招待」（サイエンス社，2000年）
「心理学研究法」（共著）（サイエンス社，2005年）

廣中直行（ひろなか　なおゆき）　【第7, 8章, p.15, p.22 Topic】
1979年　東京大学文学部心理学科卒業
1984年　東京大学大学院単位取得退学
　　　　実験動物中央研究所，理化学研究所・脳科学総合研究センター研究員，専修大学文学部教授，科学技術振興機構研究員を経て
現　在　(社)マーケティング共創協会研究主幹，(株)LSIメディエンス・薬理研究部顧問　博士（医学）

主要編著書
「生理心理学 [第2版]」（共著）（サイエンス社，2015年）
「動機づけと情動」（共訳）（協同出版，2005年）
「実験心理学の新しいかたち」（編著）（誠信書房，2004年）

永瀬英司（ながせ　えいじ）　【第6章】
1981年　東京大学文学部心理学科卒業
1988年　東京大学大学院人文科学研究科博士課程単位取得退学
　　　　元帝京大学准教授
2007年9月　逝去

主要著書・訳書
「実験心理学の新しいかたち」（分担執筆）（誠信書房，2004年）
「比較心理学を知る」（共訳）（ブレーン出版，2000年）

今井久登（いまい　ひさと）　　　　　　　　　【第4, 5章】

1987年　東京大学文学部心理学科卒業
1995年　東京大学大学院人文科学研究科博士課程単位取得退学
現　在　学習院大学文学部教授　博士（心理学）
主要著書
「認知心理学　第2巻　記憶」（分担執筆）（東京大学出版会, 1995年）
「認知心理学」（共著）（有斐閣, 2003年）
「心理学をつかむ」（共著）（有斐閣, 2009年）

黒沢　学（くろさわ　まなぶ）　　　　　　　　　【第9章】

1992年　東京大学教育学部卒業
2000年　東京大学大学院教育学研究科博士課程単位取得退学
現　在　東京電機大学未来科学部准教授
主要著書
「認知心理学」（共著）（有斐閣, 2003年）
「文章理解の心理学」（分担執筆）（北大路書房, 2001年）
「教育心理学研究の技法」（分担執筆）（福村出版, 2000年）

コンパクト新心理学ライブラリ　16

実験心理学
――こころと行動の科学の基礎――

2007年4月25日© 　　　　　初　版　発　行
2017年5月25日　　　　　　初版第3刷発行

編著者　大　山　　　正　　　　発行者　森　平　敏　孝
　　　　　　　　　　　　　　　印刷者　山　岡　景　仁
　　　　　　　　　　　　　　　製本者　小　高　祥　弘

発行所　　株式会社　サイエンス社
〒151-0051　東京都渋谷区千駄ヶ谷1丁目3番25号
営業　☎（03）5474-8500（代）　振替00170-7-2387
編集　☎（03）5474-8700（代）
FAX　☎（03）5474-8900

印刷　三美印刷　　製本　小高製本工業
《検印省略》

本書の内容を無断で複写複製することは，著作者および出版者の権利を侵害することがありますので，その場合にはあらかじめ小社あて許諾をお求め下さい。

ISBN978-4-7819-1168-7
PRINTED IN JAPAN

サイエンス社のホームページのご案内
http://www.saiensu.co.jp
ご意見・ご要望は
jinbun@saiensu.co.jp　まで。